Friedrich Müntjes

Rentner steigt auf !

4500 km mit dem Fahrrad von Florida nach Maine

USA mit dem Rad

Rentner steigt auf !

Friedrich Müntjes

Rentner steigt auf!

4500 km mit dem Fahrrad von Florida nach Maine

USA mit dem Rad

Rentner steigt auf !

USA mit dem Rad

Bibliografische Information der Deutschen Nationalbibliothek:
Dir Deutsche Nationalbibliothek verzeichnet diese Puplikation
in der Deutschen Nationalbibliografie; detaillierte biblografische Daten sind im Internet
über http://dnb.dnb.de abrufbar.

© 2016 Friedrich Müntjes
Herstellung und Verlag:
BoD-Books on Demand, Norderstedt

ISBN 9 783743 138193

Rentner steigt auf !

Inhalt

Florida *11*

Georgia *23*

South Carolina *31*

North Carolina *37*

Virginia *47*

Washington D.C. *59*

Maryland *63*

Delaware *67*

New Jersey *69*

New York City *75*

Connecticut *81*

Rhode Island *87*

Massachusetts *89*

New Hampshire *99*

Maine *101*

Rentner steigt auf !

Prolog

Plötzlich war er da, der letzte Tag in der Firma. 34 Jahre der gleiche Weg, der gleiche Trott. Eigentlich konnte ich das so nicht sagen, mein Job hat mir immer Spaß gemacht. Als Eventmanager in einer großen Europäischen Bank war ich zuletzt verantwortlich für den nationalen und internationalen Auftritt auf Messen. Ich bin viel rumgekommen in der Welt. Habe sehr viel gesehen, aber doch immer mit dienstlichen Augen. Nicht dass ich sagen möchte, dass hier nicht auch private Augenblicke möglich waren. Aber ich hatte nie die Ruhe richtig abzuschalten.
Nun nach 34 Jahren Bank und 16 Jahren anderer Tätigkeiten, wurde ich zum 30. November 2014 im wahrsten Sinne des Wortes „abgeschaltet". Dienstausweis abgeben, E-Mail Account gelöscht und tschüss.... Irgendwann kam der Tag, den viele als „Alltag" bezeichnen. Was ist das eigentlich. Bisher hatte ich mir darüber keine Gedanken gemacht. Zum Beispiel wo das Essen herkommt. Meine Frau meinte, ich könnte ja jetzt das Kochen übernehmen... ich hatte 34 Jahre First Class Kantinenessen. Ein Wort, was mir besonders weh tat, war „Du hast ja jetzt Zeit". Obwohl es stimmte, tat es sehr weh. Warum eigentlich? So genau kann ich die Frage gar nicht beantworten. Aber ich glaube, das Nicht-mehr-gebraucht-werden nagte schon sehr. Weg mit diesem Gedanken. Ich habe immer nach dem Motto gelebt „Kein Nachteil ohne Vorteil". Also mach was daraus «Friedrich» sagte ich zu mir selbst, nachdem sich so langsam der Pantoffel Alltag eingeschlichen hatte. Was sind Deine Leidenschaften? Fotografieren und Fahrradfahren. Also verbinde beides und mach was daraus war mein Gedanke. Ich hatte schon seit einigen Jahren diese Leidenschaft mit meiner Frau Carola geteilt und wir haben tolle Radtouren durch Deutschland, Italien und durch die Schweiz unternommen. Ich wollte aber immer schon mal was „Großes" vollbringen und mehr als nur drei Wochen radeln. Nun hatte ich plötzlich alle Zeit der Welt. So kam mir eine alte Idee in den Sinn „New York – San Francisco". Das geht aber nur im Sommer und meine Rentner Pantoffeln und die Jogginghosen wurden mir langsam zu eng. Es musste etwas Zeitnahes her. Was schon im Februar/März möglich ist. Also

ab in den Süden. So kam es zu der Idee Miami – Boston. Das dürfte in den 90 Tagen der Aufenthaltsgenehmigung zu schaffen sein. Meine Frau Carola war nicht sehr begeistert, wollte mich aber ein Stück begleiten. Sie ist jünger als ich und hat diese Rentnerzeit noch nicht. Es folgten viele Diskussionen, ob es denn 3 Monate sein müssen. Ich hatte 50 Jahre im privaten und beruflichen Bereich Kompromisse gemacht, Kinder mit groß gezogen. Nun nahm ich mir die „Freiheit" zu mir zu kommen. In den USA lief es dann so gut, das ich schon viel zu früh mein Ziel in Boston erreichte. Eine «Zugabe» führte mich dann bis in den nördlichsten Bundesstaat Maine. Auf den nachfolgenden Seiten habe ich meine Eindrücke als Ansporn für alle jung gebliebenen niedergeschrieben.

Viel Spaß beim Lesen.

Friedrich Müntjes

Pfaffenhofen im Dezember 2016

Florida

Miami Beach - Fort Lauderdale (50 km)
13. März

Pünktlich gegen 10 Uhr konnte ich mit Janas Hilfe meine erste Etappe zu dieser Tour nach Boston starten. Das Wetter war bewölkt und windig bei ca. 27 Grad. Vom Ocean Drive in Miami Beach ging es entlang der Küste auf der A1A nach North Miami Beach und weiter nach Hollywood. Hier erwischte mich ein typischer Florida-Schauer. Aber Gott sei Dank auf dem Boulevard mit einigen Einkehrmöglichkeiten. Es gab Döner mit Cola und ein nettes Gespräch mit Steve, einem 70 jährigen „Zugvogel" aus Chicago, der mir von seinen griechischen Wurzeln und seiner schönen Zeit als Soldat in Heidelberg erzählte. Die „Fräuleins" und das Deutsche Bier war noch tief in seiner Erinnerung. Mit dem Ende des Döners folgte auch das Ende des Schauers.

Am Lauderdaler Airport ging es vorbei und über den Stanahan River wieder an die Küstenstrasse mit den vielen bekannten Hotels. Insgesamt war die Strecke trotz unangenehmem Wind und Autoverkehr gut zu schaffen. Die Amerikaner fahren sehr rücksichtsvoll. Ich war niemals so angespannt wie zum Beispiel in Italien. Nach dem Einchecken im Hotel und einem erfrischenden Bad versuchte ich die Altstadt von Fort Lauderdale zu finden. Ein paar alte Häuser am Fluss und ein paar Pubs zeugen von der jungen Geschichte von Fort Lauderdale.

Fort Lauderdale - Palm Beach (76 Km)
14. März

Wer abends nicht feiert, kann morgens früh raus, so dachte ich. So trat es auch ein. Um 6.00 Uhr wachte ich nach 8 Stunden Schlaf erholt auf. Es hatte die ganze Nacht gestürmt und durch die Hotelritzen gepfiffen. Das tat meinem guten Schlaf aber keinen Abbruch. Ich genoss die Zeit bis zum Sonnenaufgang bei einem kleinem Frühstück auf der Dachterrasse des Hotels. Danach bat ich an der Rezeption um Hilfe beim Transport meiner Satteltaschen. Juan, dem jungen Mann aus Kolumbien, erzählte ich beim Transport von meinem Vorhaben. Er und seine Kollegen staunten nicht schlecht, als ich mein Bike verlangte. Sie dachten an Motor Cycling. „You Kidding Me" war sein erstaunter Ausruf.
Um 8.30 saß ich auf meinem beladenen Rad in Richtung Norden der A1A. Schön mit eigener Bikespur fast die ganze Zeit bis nach Palm Beach. Wenn mal die Bike Spur nicht möglich war, erschien sofort ein gelbes Zeichen „Share the Road". Und daran halten sich alle. Ich fühlte mich nie falsch auf der Strasse.
Die Strecke am Atlantic entlang ist sehr schön, das Wetter spielte auch mit und so kam ich gut voran. Leider wurden die Villen immer größer und die Einkaufsmöglichkeiten gingen auf null hinunter. Da sah ich plötzlich zwei Frauen mit Einkaufstüten. Mein Zuckerhaushalt war am Boden. Ich fragte nach dem Weg zum „Paradies". Nur ein paar Meilen nach Delary Beach war die Antwort. Ich fand den Spot und beinahe den Tod. Das ist ein wenig übertrieben. Auf dem Parkplatz des Supermarktes fuhr eine Frau aus New York rückwärts raus und mir voll ins Vorderrad. Ich konnte mich gerade noch auf dem Rad halten.
Seitdem hat das Vorderrad einen kleinen, aber merkbaren Schlag. Gott sei Dank konnte ich mich nach dem Schreck mit Bananen, Nüssen, Wasser und frischem Orangensaft wieder ins Leben zurück rufen. Die Gespräche vor dem Supermarkt waren echt lustig. Da fragte mich doch tatsächlich ein älter Herr, ob ich eine Aircondition in meinem Kamera Arm habe. Eine Frau fand die Art und Weise meines Bananentransportes großartig.

Nach dieser Stärkung ging es weiter auf die A1A mit kurzem Stopp in Boynton Beach nach Palm Beach. Hier war es dann Zeit nach rund 70 Kilometer sich um ein Nachtquartier zu kümmern. Bei der Polizei war keiner, den ich fragen konnte. So zückte ich mein iPad um in Booking Com zu suchen. Das Zucken setzte sich fort bei der Preisübersicht bis zu 1000 €. Gott sei dank gab es auch noch was um 80 $, leider 5 km zurück nach Süden an der A1. Die Parkview Motor Lodge, einem Motel mit Autoparkplatz vor der Tür. Der Portier wies mich ausdrücklich darauf hin, dass ich mein Fahrrad nicht mit ins Zimmer nehmen darf. Ob ich mich daran halte?

Palm Beach - Port Salerno (76 km)
15. März

Ich habe mich natürlich nicht daran gehalten und mein Rad mit ins Zimmer genommen. Das war ganz praktisch, da ich es gleich vom Bett aus neu beladen konnte. Heute war ich besonders früh dran, um 8 Uhr war die A1 noch sehr leer und die Luft super frisch. Über Riviera Beach ging es am Wasser lang über die Brücke nach Palm Beach Shores. Dann auf die A1A nach Juno Beach.

Über Jupiter Island auf sehr gepflegten Straßen entlang von hunderten Villen und Palästen nach Norden. Auf den Strassen war niemand zu sehen. Alle Häuser hatten extra Einfahrten für die Lieferungen. Ich fragte mich nur, wer mir helfen würde bei einer Panne oder wenn mir das Wasser zur Neige ging. Soviel Reichtum auf einem Fleck habe ich noch nie gesehen. Ich stellte mir nur die Frage, was alle diese Leute wohl hinter den „Palastmauern" machen. Schnell runter von dieser „Einöde" ohne Einkehrmöglichkeiten, dachte ich nur.

Bei der Entscheidung über Jupiter Island zu fahren, fuhr ich leider an meinem eigentlichen Ziel dem Jonathan-Dickson-State Park vorbei. Erst Oberhalb vom Park in Hobe Sound kam ich wieder von der Insel der Reichen runter und im normalen Leben an. Nun wurde es auch langsam Zeit ein Nachtquartier zu suchen. Endlose Kilometer auf der A1 führten nicht zum Erfolg.

Es gab Einkaufszentren alle 5 Meilen, aber weder ein Motel noch ein Hotel. Frag dein Garmin, dachte ich mir. Und dieser spukte mir dann das Pirates Cove Resort & Marina am Port Salerno aus. Es gab noch ein Zimmer, mit dem Hinweis, mein Rad dort aus Sicherheitsgründen einzuschliessen. Mit einem erfrischendem Bad, sowie Fish and Chips an der Piratenbar, ging der Tag erfolgreich zu Ende.

Port Salerno - Vero Beach (68 km)
16. März

Die Nacht war angenehm und ruhig. Frühstück gab es außer einer Tasse Kaffee und einem Joghurt nicht. Warum auch, der Morgen war sonnig und die Luft noch frisch. So konnte ich bereits um 8.00 Uhr, nach einem kleinen Stück auf der A1A verkehrsberuhigt dem St Lucie Blv folgen. Immer entlang durch schöne Wohngebiete am St. Lucie River.
Bei Seewalls Point kam ich wieder auf die A1A, um über dir riesige Brücke zum Hutchions Island zu fahren. Anfangs ist die Insel noch stark bebaut. Je weiter man nach Norden fährt, desto einsamer ist sie. Kilometerlange Sandstrände laden die wenigen Besucher ein. Alle auch die öffentlichen Strände, sind sehr gepflegt.
Die A1A geht kerzengerade nach Norden. Für einen Radfahrer etwas ermüdend. Kurz vor Fort Pierce erreichte mich die Zivilisation wieder. Auf der stundenlangen Fahrt über die Insel sollte man sich mit genügend Wasser und Proviant eindecken. Unterwegs müsste man trotz Wasser links und rechts verdursten.
Die Insel war zu Ende und zur nächsten Insel war es nur ein Katzensprung. Aber leider weder Brücke noch Fähre. Da hieß es zurück aufs Festland. Ich entschloss mich auch dort zu bleiben. Weil doch auch auf dem Nord Hutchions Island mehrere Naturparks lockten, aber sicher keine Übernachtungsmöglichkeit weit und breit.
So quälte ich mich auf dem Highway A1 Richtung Norden. Immer auf der Suche nach einem Motel oder Campingplatz. Ich fand einige, aber leider immer in Richtung Süden. Bei einem Frischemarkt stärkte ich mich mit Bananen und Orangensaft. Die Verkäuferin wusste keinen Rat: „Ich wohne ja hier," war die Antwort auf meine Frage. Gott sei Dank gab es eine Bank, mein iPad und Booking.com. Hier wurde ich im Quality Inn Vero Beach fündig

Vero Beach - Satelitte Beach (76 km)
17. März

Uniformen können Menschen verändern. Eigentlich wollte ich ja nach vier anstrengenden Tagen einen Ruhetag einlegen. Aber Vero Beach hatte keinen besonderen Eindruck auf mich gemacht. So entschloss ich mich weiter zu fahren, um mich im Sebastian Inlet State Park nach einer Möglichkeit mein Zelt aufzuschlagen umzusehen.
Im Office wurde ich vom Ranger in seiner Uniform nur verwirrt auf meine Frage angeschaut. Do you have any reservation ? Fragte er mich eindringlich. Diese Frage konnte ich nur noch verneinen. Auf meine Anmerkung, dass ich ja nur ein kleines Zelt habe was unter jedes der vorhandenen Wohnmobile passte, erntete ich nur ein müdes Kopfschütteln.
Dann fahre ich eben weiter bis nach Cap Canaveral, war meine patzige Antwort. Hier hatte ich in der Früh einen Kontakt über Warmshowers. org zu einem retired Space Shuttle engineer. Leider war er erkrankt, wie seine Frau mir am Telefon mitteilte, und daher gab es hier keine Möglichkeit zur Übernachtung.
Ansonsten verlief die heutige Etappe recht gut. Allerdings regten mich irgendwann mal die Autos und besonders die Easy Riders auf. Was machen die bloß mit der Freiheit, wenn es keinen Sprit mehr gibt ? Als Radfahrer ist es nur wichtig genügend Wasser zu haben. Was nicht ganz einfach ist an der A1A, da alle Supermärkte in Automeilen entfernt sind. Einteilung und rechtzeitig „tanken" ist hier sehr wichtig. Ein schöner kleiner Ort ist Melbourne „The Harbor City". Diese Stadt wurde nach dem Bürgerkrieg 1867 vor allem von ehemaligen Sklaven unter dem Namen Crane Creek gegründet.
Zur Erinnerung and den ersten Postmeister der Stadt, John Hector, der aus Melbourne, Australien stammte, wurde die Stadt später umbenannt. Nach Melbourne wurde die A1A vierspurig und der Verkehr nahm zu.
Zeit, sich auf einem der vielen Beachplätze im Schatten nach einer Übernachtung um¬zuschauen. Nur 10 Kilometer weiter, wurde ich Satellite Beach mit Americas Best Value Inn fündig.

Satelitte Beach - Titusville (78 km)
18. März

Die Nacht im Motel war ganz gut. Das Frühstück sehr mager. Einige nahmen aber das Wort Best Value wohl wörtlich und füllten sich die Beutel voller Cornflakes. Es war überhaupt ein komisches Publikum. Ich hatte den Eindruck dass manche hier wohl dauerhaft wohnen. Einige Türen standen weit auf und ich konnte den ganzen „Müll" im Zimmer sehen. Wenn die auf der Durchreise waren, so brauchte es doch Tage, um die ganzen Klamotten aus und einzuräumen. So viel mir der Abschied nicht schwer und ich konnten den Sonnenaufgang am Strand beobachten.
Die ideale Zeit zum Losfahren fand ich für mich raus ist 8 Uhr. Es ist noch herrlich frisch und die Kilometer purzeln dahin. Ich hoffe auch die Pfunde. Dass es nur Fastfood gibt, ist ein Märchen. Wer sich gesund ernähren will, findet genügend Supermärkte mit frischer und gesunder Ware.
Die A1A geht kerzengerade über die Insel nach Cacoa Beach, wo ich einen kleinen Zwischenstopp einlegte. Es war noch früh am Morgen und noch sehr ruhig am Strand. Weiter ging es über die sehr gepflegte Gemeinde Cape Canaveral, die sogar Laternen mit Solarzellen hat. Auch sehr gepflegt ist der Jetty Park mit seinem Campground. Ich habe noch nie so große Wohnmobile gesehen. Manche RVs zogen sogar einen Jeep hinter sich her... für alle Fälle, falls mal eine Maschine ausfällt.
Von hier aus ging es weiter zum Merritt Island wo sich auch im Norden das Kennedy Space Center befindet. Langer Ritt, aber wenn ich schon mal in der Gegend bin, wollte ich zumindest hello sagen.
Ich hatte Gott sei Dank schon am Vorabend über Warmshowers Kontakt mit Chris Garrison aufgenommen, der mir einen Zeltplatz in seinem Garten anbot. Hinterher wurde daraus dann doch noch ein Zimmer. Vorher musste ich aber die hässliche Straße und Brücke nach Titusville überqueren. Genannt A. Max Brewer Memorial Pkwy.

Titusville - New Smyrna Beach (62 km)
19. März

Warmduscher. Ja, ich gebe es zu warm zu duschen. Da kam mir die Website Warmshowers wie gerufen. Trotz vorheriger Absprache mit Chris in Titusville musste ich mein Zelt nicht im Garten aufschlagen, sondern konnte angenehm in einem Zimmer schlafen und die warme Dusche genießen.

Chris ist seit fünf Jahren begeisterter Radfahrer und ist mit seiner Frau Beth schon bis Kanada gefahren. Seine Werkstatt ist perfekt ausgestattet und so half er mir auch meine Acht wieder aus dem Vorderrad zu bekommen.

Die Nacht im Haus war sehr ruhig. Gemeinsam starteten wir um 7.30 Uhr von Chris Haus. Er zu seinem täglichen 30 Meilen-Ritt, ich in Richtung Norden. Dabei versuchte ich möglichst auf Nebenstraßen zu fahren. Diese führten aber immer irgendwann auf die A 1. Noch war sie kaum befahren, so ging es zügig Richtung Scottsmoor und Oak Hill.

Die Versorgung an diesem Highway ist nicht besonders toll für Radfahrer. Aber da waren ja auch keine außer mir. Komischerweise war Subway manchmal meine Rettung. Nie zuvor hatte ich in Deutschland einen Subway-Laden aufgesucht. Aber hier als unterzuckerter Radfahrer genau das Richtige. In Edgwater am Indian River schaute ich mich nach einer neuen Übernachtungsmöglichkeit in Warmshower Apps um. Bei Deborah und Harris in New Smyrna Beach wurde ich fündig. Tolles Haus und tolle Leute. Hier hatte ich gleich ein ganzes Stockwerk für mich

Day off in New Smyrna Beach
20. März

Besser kann man es als Tourenfahrer nicht haben. Ganzes Stockwerk für mich, Dinner, Breakfast und Waschmaschine inklusive. Deborah und Harris sind ganz reizende Leute. Meine Frage nach einer zweiten Nacht, wurde trotz anderen Plänen von beiden bejaht. Ich wurde kurzerhand nach Rücksprache zu deren Freunden zum Dinner eingeladen.
So hatte ich den ganzen Tag Zeit meine Sachen in Ordnung zu bringen, die Vögel zu beobachten und die Stadt mit Museum etc. zu erkunden. New Smyrna Beach ist das Beste, was ich bisher in Florida gesehen habe. Das mag auch sicher an den Leuten liegen.
Als Gelsenkirchener weiß ich Genüge, dass nicht die Bauwerke entscheidend sind, sondern die Menschen. Wobei New Smyrna Beach auch eine nette kleine City hat. Aber normalerweise wäre ich auch hier nur vorbeigefahren. So werde ich auch auf der weiteren Tour die Augen nach guten Begegnungen aufhalten. Nun freue ich mich erst mal auf den heutigen
Abend bei einem Dinner mit „Fremden".

New Smyrna Beach - Saint Augustine (114 km)
21. März

Es war ein toller Abend mit Deborah, Harris und ihren Freunden vom Moskito Cycling Club. Wir haben viel gelacht und über alles mögliche geredet. Natürlich auch übers Cycling. Das Dinner war perfekt, Outdoor gleich neben dem Swimming Pool. Es wurde nicht sehr spät, um 22 Uhr gingen wir alle schlafen, da bei den beiden der Saturday-Breakfast-Ride für 7.30 Uhr angesetzt war.
Auf die Frage der beiden, ob ich einen Wecker bräuchte schüttelte ich selbstsicher den Kopf. Prompt verschlief ich und wachte erst kurz vor sieben erschrocken auf. Da hieß es Tempo, schnell unter die Dusche, - Rasieren fiel der Zeit zum Opfer - alles zusammen packen und das Fahrrad beladen. Ich wollte ja beide zum Clubtreffpunkt in New Smyrna Beach begleiten.
 Schnell noch ein Kaffee im Stehen und so waren wir pünktlich um 7.30 Uhr beim Treffpunkt. Ein freundliches Hallo mit den rund 12 Teilnehmern. Dann hieß es auch schon Abschied nehmen, ich wollte nach Norden nach St. Augustine und die Gruppe nach Süden.
Der Morgen war noch kühl und neblig, so dass die warme Weste erst mal zum Einsatz kam. Schnurstracks ging es über die A1A Richtung Port Orange und dann weiter an den Atlantik nach Daytona Beach. Ein ziemlich überlaufener und hässlicher Touristenort. In Flagler Beach machte ich dann eine erste Pause und versuchte wieder über Warmshowers ein Zimmer für die Nacht zu bekommen, was mir leider nicht gelang.
So fuhr ich weiter über Palm Cost, Butler Beach, St. Augustine Beach nach St. Augustine. Das Wetter wurde in der Zwischenzeit besser, aber die Strecke zog sich doch sehr lange hin. So wurden es am Ende mehr als 100 km. Eine Freude kam dann doch noch am Ende auf. Eine große Autoschlange, die sich über die Matanzas River Brücke nach St. Augustine quälte. Ich fuhr lächelnd an allen Autos vorbei nach St. Augustine ein.
Es ist die älteste Stadt Nordamerikas und wurde 1565 vom spanischen Admiral Petro de Aviles gegründet. Für Europäer ist die Stadt nichts besonders. Aber wo kann man schon sonst in den USA durch

so alte Städte laufen ? Das wird hier reichlich ausgenutzt. Die Stadt war voll von Touristen. Nach einem kleinen Abendbrot in der Altstadt machte ich mich auf dem Weg zu meinem vorher gebuchten Hotel.

Saint Augustine - Atlantic Beach (57 km)
22. März

Na ja, bei Red Carpet denke ich so an Filmfestspiele, Glanz und Glimmer. Kann sein, dass es auch in diesen Hotel mal so war, aber dass wohl 1950 geendet hat. Zumindest war die Einrichtung so. Aber so fiel mir der Abschied nicht schwer und ich machte mich um 7.30 Uhr auf den weiteren Weg Richtung Norden.
Vorher füllte ich im nahem CVS noch meine Vorräte auf. Das ist Amerika 24-Stunden offen. Das war auch gut so, denn was ich nicht wusste, aber ahnte, es gab auf den nächsten 35 km weder was zu essen oder zu trinken. Der Weg ging bei viel Nebel über die Francis and Mary Usina Bridge direkt auf das vorgelagerte Eiland. Dann immer geradeaus über Vilando Beach bis nach Sawgrass. Der Nebel und die kerzengerade Streckte zupften ans Gemüt. Auf der Atlantik Seite wechselten sich hässliche „Schlösser" mit halb verfallenen Häusern ab.
Es war außer ein paar Racing-Bikern niemand auf der Strasse. Das ältere Ehepaar, das sich ungeniert vor einen dieser Häuser küsste, sorgte für eine schöne Abwechselung im trüben Morgen. Nach rund drei Stunden kam ich in Atlantic Beach an. Der gestrige Tag lag mir noch schwer in den Knochen. Ich hatte nun schon über 600 km in den Knochen und entschied mich heute früher aufzuhören.

Georgia

Atlantic Beach - Saint Marys (102 km)
23. März

Der Himmel meinte es heute nicht gut mit mir. Es goss in Strömen. Oder waren das nur Tränen, weil ich heute Florida verlasse. Gut, dass es nicht auf halber Strecke passierte, so konnte ich noch im Hotel mein Regenzeug anziehen. Bei Regen und fast noch Dunkelheit fuhr ich wieder auf die A1A Richtung Neptune Beach. Naja, von Beach war heute nicht viel zu sehen. Auch stand ich als Radfahrer ziemlich alleine da. Ich glaube auf den 100 Kilometern war ich der Einzige. Schön blöd dachten sicher viele der Pick-up Fahrer, oder wie auch immer diese riesigen Geräte mit Ladefläche heißen mögen. Ich weiß gar nicht wofür man so einen Schlitten überhaupt braucht. In Florida hatte jedes zweite Auto auf der Straße oder vor den Garagen eine Ladefläche. Scheint ein Land der Bauern und Handwerker zu sein.
Nach einer scharfen Links- und Rechtskurve ging die A1A wieder kerzengerade nach Norden. Bei Mayport wird sie vom St Johns River durchschnitten. Ohne Fähre kommt man hier nicht weiter. Es regnete noch immer in Strömen. Während der 5 Minuten der Überfahrt konnte ich mich kurz unterstellen und aufwärmen. Dann ging es durch unberührte Natur am Clapboard Creek weiter durch den Little Talbot Island State Park.
Es hatte inzwischen aufgehört zu regnen, aber der scharfe Nordwind ließ keine Tretpausen zu. Die nächste Station auf der A1A war der Amelie Island State Park. In Fernandina Beach wurde ich von Raven spontan vor seinem Haus zum Kaffee eingeladen. Ein verrückter Cyclist, der schon alles in den USA durchfahren hatte. Er hatte mindestens 10 Räder in seinem Wohnzimmer geparkt.
Am Pier von Fernandina Beach hoffte ich eine Fähre nach St. Marys zu finden. Leider war das nicht möglich, so beschloss ich mich kurz bei einem Lunch zu stärken, um die 50 extra Kilometer zu überwinden. Diese hatten es in sich, wie es sich später rausstellte.
Die A1A und die 17 ist an dieser Stelle sehr stark von großen Lastwagen befahren. Besonders fielen die Hunderte von Holztransportern auf, die von Georgia voll beladen nach Florida kamen und wieder leer nach Georgia zurückfuhren. Es gibt anscheinend kein gerades

Holz in Florida. Der kürzeste Weg nach St. Marys wäre über die Interstate 95 gegangen. Aber das traute ich mich doch nicht. So musste ich einen riesigen Bogen fahren und kam erst ziemlich spät in meinem Hotel Riverview an. Der erste Eindruck vom Hotel war wie im Film vom Winde verweht.

Saint Marys - Jekyll Island (90 km)
24. März

Der Abend im Riverview Hotel verlief nicht schlecht. Die Wirtin hinter der Bar, eine feste Frau voll von Tatoos, verhalf mir zu zwei jungen Blonden (Bier). Mein Nebenmann an der Bar packte seine Deutschkenntnisse von 1962 aus. „Ein Prosit der Gemütlichkeit, ich liebe Dich...."
Die Nacht verlief gut, das Frühstück war knapp, aber es was etwas da. Die Wirtin packte mir noch ein Lunchpaket ein, was sich später als Rettung rausstellte. Der Morgen war recht kühl, aber es regnete nicht.
Von St. Marys ging es über den Highway 40 über Kingsland zum Highway 17. Der erste Eindruck war, dass es einen großen Unterschied zu Florida gibt. Keiner dieser Highways hat eine eigene Bikespur, manchmal nicht mal einen Seitenstreifen. Oder dieser Seitenstreifen hat sogar Spurrillen.
Insgesamt sind die Straßen in einem schlechteren Zustand. Der Weg über die 17 und später 25 ist tödlich langweilig. Links und rechts Kiefernwälder mit kleinen Holzhäusern. Immer rauscht nur der lärmende Verkehr vorbei. Das scheint auch wohl die Wachhunde zu langweilen.
Plötzlich sprangen 2 Hunden über den Zaun auf den Highway, um mich zu verfolgen. Was nicht gerade ungefährlich für die Hunde war. Ich hatte Gott sei Dank kurz vorher in Woodbine mein Lunch gegessen und so die nötigen „Körner" um die Hunde abzuschütteln.
Über White Oak – ein Ort mit fünf Häusern – ging es weiter entlang der 17 und dann den Abzweig auf die 520 zum Jekyll Island State Park. Leider fing es wieder zu regnen an und ich kam nass und durchgefroren im Hotel an. Georgia, streng dich an! Der erste Tag war nicht gerade überzeugend.

Brunswick - Richmond Hill (65 km)
25. März

Man gönnt sich ja sonst nichts. Das Jekyll Island Club Hotel ist ein nostalgischer Traum. Schade nur dass der Wettergott hier nicht ein Einsehen hatte und die Insel nicht von seiner schönsten Seite zeigte. Der Morgen startete mit 100% Luftfeuchtigkeit. Schon bei einem Spaziergang durch die Parkanlage war ich komplett von Wassertropfen umgeben.

Da hatte ich keine Lust, die lange Strecke aufs Festland zu fahren und zwei hohe Brücken bis nach Brunswick zu überwinden. Der Vorteil bei so einem Hotel, es gibt auch einen Shuttle Service. Dieser brachte mich mit all meinen sieben Sachen in wenigen Minuten nach Brunswick. Brunswick wurde nach der Heimat des Britischen Königs Georg II aus dem Haus Hannover-Braunschweig benannt.

Heute ist der Hafen von Brunswick das Rückgrat der Stadt. Der Hafen funktioniert als einer der größten Autoverladestationen der USA. Naja, Autos liebe ich ja nicht gerade. Besonders wenn sie mich ständig auf den Highways begleiten. Je größer sie sind desto schneller fahren sie. Zumindest war das auch heute mein Eindruck in Richtung Norden.

Der Morgen war kalt und nass und so ging es nur langsam auf dem Highway 17 voran. Bei Darien, einem hübschen Ort am Althama River, konnte ich kurz vom Highway runter und das 1721 errichtete Fort King Georg besichtigen. Weiter ging es über die 99 an vielen kleinen Holzhäusern, die versteckt im Wald lagen, wieder auf die 17. Hier gab dann meine Track-Aufzeichnung irgendwann den Geist auf. Dazu kam noch ein schleifendes Vorderrad und meine Laune ging mit der Feuchtigkeit den Bach herunter. Mit viel Mühen und Zählung der Kirchen am Wegesrand erreichte ich dann doch noch mein Tagesziel Richmond Hill.

Days off - Savannah /Richmond Hill

Ich brauchte dringend einen Tag ohne Rad. So bot es sich an, vom Hotel in Richmond Hill den Bus Shuttle nach Savannah zu nehmen. Savannah ist eine von vielen Touristen besuchte Stadt, die mit ihren schönen Plätzen und Häusern als eine der schönsten in den USA gilt. Auf dem Gebiet des heutigen Savannah lebten zur Zeit der Ankunft der Europäer Yamacraw-Indianer.
Die Stadt wurde 1733 gegründet. Während des amerikanischen Unabhängigkeitskrieges kam die Stadt unter die Kontrolle der Briten. 1779 belagerten die amerikanischen und französischen Truppen die Stadt erfolglos. Mir gefiel Savannah trotz der vielen Touristen sehr gut. Es gibt auch viel neben den eigentlichen Routen zu sehen.
Oft greift auch die Filmindustrie auf die schönen Häuser und Plätze zurück. Hier wurden zum Beispiel große Teile des Films Forrest Gump gedreht. Im Film wartet Forrest Gump in der berühmten Szene auf einer Bank an der Bushaltestelle in der Hull Street und erzählt aus seinem Leben. Die Bank steht heute im History Museum.
Eigentlich wollte ich heute weiter nach South Carolina fahren. Als Ziel hatte ich mir Hilton Head Island vorgenommen. Ich hatte hier einen Kontakt über Warmshowers. Leider war mein Host John „In charge of a fish fry in his church". So musste ich noch eine Nacht woanders übernachten oder in Richmond Hill bleiben.
Die Entscheidung war schnell getroffen. Ich blieb und beschäftigte mich mit meiner Wäsche und sonstigen Besorgungen. Eigentlich war ich darüber auch nicht böse. Nach rund 1000 Kilometern in den Beinen spürte ich diese noch zu genüge. Es tat mir daher sehr gut noch ein wenig auszuruhen und die Beine zu vertreten. Auf die Frage an der Rezeption, wo denn hier der nächste Supermarkt ist, bekam ich zur Antwort. „Da fahren Sie links und dann..." Aber ich wollte doch laufen.
Übrigens zwei deutsche Frauen an der Rezeption, aus Wiesbaden Soldatenfrauen, die mit ihren amerikanischen Männern nach Georgia gegangen sind. Komisch, dass wir hier das Wort „gegangen" benutzen. In Amerika geht keiner. Wie auch am Schnittpunkt der Interstate 95 und dem Highway 17. Ich war mal wieder der Einzige auf

dem „Wrong Way". Bemerkenswert fand ich, dass es eine Fußgängerampel gab und ich 40 Sekunden Zeit hatte über die Strasse zu gehen. Großer Aufwand für den einzigen Fußgänger. Danke Richmond Hill.

South Carolina

Richmond Hill - Hilton Head Island (77 km)
28. März

Nach zwei Tagen Ruhepause freute ich mich doch wieder auf mein Rad. Ich hatte ja genug Zeit alles zusammenzupacken und in Ruhe am Morgen um 7.30 Uhr zu starten. Das Frühstück im Qualty Inn Hotel war im Preis von $ 65,- bereits enthalten. Es gab Früchte und Müsli, Rühreier etc. Die meisten Gäste nahmen sich nicht die Zeit um in Ruhe zu frühstücken. Alles muss schnell gehen und möglichst im Stehen oder auf einer Pobacke. Ich gönnte mir die Zeit, denn ich war mir ja schon der nächsten Übernachtung auf Hilton Head Island sicher.

Der Morgen war noch sehr kühl aber sonnig. Es hatte mal gerade 40 Grad Fahrenheit (Rund 4,5 Celsius). Da hieß es schnell in die Pedale zu treten. Der Verkehr war am Samstagmorgen noch recht ruhig. So kam ich schnell nach Savannah. Nun hieß es irgendwie über den Savannah River nach South Carolina zu kommen.

Ich nahm die erstbeste Brücke ohne zu ahnen, dass diese für Fußgänger und Radfahrer verboten ist. Erst auf der Rampe sah ich das Schild in Schriftform. Ich kann nicht lesen, dachte ich, Augen zu und durch. Es war ein enormer Anstieg bis zur Spitze der Brücke. Aber es half nichts. Auf der anderen Seite ging es ja wieder runter über das Hutchinson Island direkt nach South Carolina.

Ansonsten verlief die Strecke recht ruhig. Es gab leider kaum eine Bike Spur. Dies änderte sich erst in Bluffton. Ab hier änderte sich auch die Landschaft. Alles war sehr gepflegt. Nicht umsonst, den Hilton Head Island ist eine der populärsten Touristenziele der Vereinigten Staaten.

Mein Warmshower Host, John, ein pensionierter Offizier des Marine Corps F -18 D, wollte mich noch vor der Insel auffangen, um mir die gefährliche Überfahrt zu ersparen. Leider verpassten wir uns. Irgendwie kamen wir dann doch noch zusammen und verbrachten einen schönen Abend am Strand und beim Dinner.

Hilton Head Island - Walterboro (110 km)
29. März

Die Nacht bei John war ganz gut. Leider war es im Haus sehr kühl. So war ich ganz froh meinen Schlafsack mit zu haben. Zum Frühstück hätte ich mich daher einen heißen Kaffee gewünscht. Schade, John trinkt keinen Kaffee. So gab es nur Saft und Müsli. Meine Sachen hatte ich schnell gepackt und so ging es über die nicht ganz ungefährliche Brücke aufs Festland. Es hatte gerade mal 5 Grad und ein scharfer NO-Wind pfiff über das Wasser.
Die 278, die zur Interstate 95 führt, war trotz des frühen Sonntag Morgen schon sehr stark befahren. Was die Sache so unangenehm machte, war die Tatsache, dass die Autos immer nur stoßweise kamen. Es war so, als ob man in einen Automaten 1 Dollar einschmeißt und plötzlich 100 einzelne Dollars aus dem Fach fallen. Auf diese 100 Dollars würde ich aber gerne verzichten. Ich habe mir noch nie viel aus Autos gemacht, aber hier fange ich sie langsam an zu hassen. Ich frage mich immer wieder, wo die nur alle hinfahren.
Fußgänger und Radfahrer gibt es nicht. Wozu auch, die stören nur, besonders auf den Straßen ohne Seitenstreifen. Einige Male bin ich angehupt worden. Dabei dauert es nur wenige Sekunden mir mal auszuweichen. Die Schilder „Share the Road" oder „Drive Safely" sind für die Katz. Mir war auf jeden Fall ganz schön kalt und meinen geliebten Kaffee bekam ich erst nach 25 Kilometern an einer Tankstelle.
Insgesamt war die Strecke heute sehr langweilig. Lange gerade Straßen durch Kiefernwälder. Dazwischen eingestreut einfache Wohnhäuser oder Wohnmobile. Unzählige Kirchen der verschieden Konfessionen und Autos, Autos, Autos. Die einzigen Lichtblicke waren für mich die Sumpflandschaften und die überfluteten Bäume. Nicht zu vergessen der Kranich, der wie ein Guide mir kurze Zeit vorausflog. Lufthansa lässt grüßen.
Eigentlich wollte ich heute keine 100 Kilometer fahren. Aber zwischen Hilton Head Island und Walterboro ist nichts. Nicht mal eine Übernachtungsmöglichkeit. Diese ballen sich alle an den Kreuzungspunkten der Autobahnen. Auch die Restaurants, wo ich nach getaner

„Arbeit" versuchte einen Platz zu bekommen. 45 Minuten Wartezeit wurde mir am Counter gesagt. So blieb es nur bei einem Bier an der Bar. Die Amerikaner standen oder saßen wie beim Arzt und warteten aufgerufen zu werden. „Mike, Cynthia u.s.w. klang es durch den Raum.

Ich verstehe es nicht. Über 100 km war nichts und dann alles auf einen Haufen. Da lob ich mir doch Bayern, du fährst 3 km ins nächste Dorf und bekommst was zu essen ohne demütig in der Schlange zu stehen. Naja, morgen tanze ich Charleston.

Charleston - Georgetown (108 km)
30. März

Irgendwie muss das Laub vom Herbst ja in Angriff genommen werden. Aber dass gleich 5 bis an die Zähne mit Laubbläsern bewaffnet, sich um einen kleinen Blätterhaufen kümmern, finde ich schon übertrieben. Es werden sogar einzelne Blätter von den Haupteingängen der Hotels mit „Überschall" vernichtet. Ob das eine der Arbeitsmaßnamen ist, die Obama einsetzt um die Arbeitslosigkeit runter zu bringen? Recht hat er, denn den Berg Blätter hätte auch einer mit einem Rechen in der gleichen Zeit geschafft. Nur dann wären 4 arbeitslos. Ich bin trotzdem für Abrüstung.

Da passte es ja ganz gut, dass ich heute am Patriots Point meine Radtour startete. Hier liegt der Flugzeugträger USS Yorktown CV10 vor Anker. Das Schiff wurde 1942 fertig - gestellt und dient heute als Museumsschiff. Meine Weiterfahrt führte mich dann auf den Highway 17. Der hier in Charleston sehr gefährlich zu befahren ist. Bis Georgetown wären es über den Highway nur rund 50 Meilen. Ich entschied mich aber nach Westen zu fahren und durch Francis Marion National Forest zu fahren.

Der erste Teil der Strecke diente den Trucks als Rennstrecke. Auch die sind aus meiner Sicht zu aufgerüstet. Kleine Fenster, mit grimmig dreinschauenden Drivern, riesige viel zu große Schnauze und viel zu laut. MAN und Mercedes lässt grüßen. Im zweiten Teil der Strecke ging es sehr ruhig zu. Über 50 km nur Kiefern, sonst nichts.

Wobei das nicht stimmt, es gab schon einige Laubbäume dazwischen und viele stinkende Kadaver von Rehen und weiteren zum Teil nicht mehr zu erkennenden Kleintieren.

Plötzlich mitten im Wald, der nicht enden wollte, eine alte verfallende Kirche und ein neuer Friedhof. Ich nutzte die versetzten Kirchenstufen als Rastplatz und den Friedhof zum Nachdenken über die Endlichkeit. Irgendwann konnte ich keine Bäume mehr sehen. Aber ich brauchte noch zwei Stunden Geduld, um aus den Wald raus zukommen. Bei Mc Cleallanville erreichte ich wieder den Highway 17. Nach einer kurzen Rast blieb mir nichts anderes übrig, als die 20 fehlenden Meilen bis nach Georgetown auf dieser Schnellstrasse zurückzulegen.

Georgetown - North Myrtle Beach (130 km)
1. April

Alles an Bord. Ich glaube, dass diese Mentalität noch aus den Zeiten der Planwagen-Trecks kommt. Wie soll es sich es anders erklären, dass ich dauernd von riesigen Wohnmobilen überholt wurde, die an der Anhängerkupplung noch einen Jeep oder ähnliches Gefährt hinter sich herzogen. Auf dem Jeep waren dann auch noch Fahrräder angebracht. Oder es gab auch riesige Trucks mit Anhänger, die einen Golfwagen hinter sich herzogen.

Nur keinen Schritt zu viel. Dabei tragen wir doch noch immer – auch die Amerikaner – das Erbgut der Steinzeitmenschen in uns. Die liefen aber jeden Tag mindestens 25 Kilometer bei der Suche nach Nahrung. Ich will hier nicht als Moralapostel gelten. Denn ich habe ja auch alles nötige dabei. Nur bewege ich das aus eigener Muskelkraft und ohne einen Liter des weniger werdenden Rohstoffes Öl.
Übrigens Rohstoffe. Jetzt weiß ich auch, wo all die riesigen Schwertransporter mit den Kiefern hinfahren. In die Papiermühle. Eine riesige davon ist in Georgetown. Die USA ist mit 75 Mio Tonnen nach China der zweitgrößte Papierhersteller in der Welt. Georgetown wurde 1729 gegründet und ist ein sehr hübsches kleines Städtchen. Nach einer kleinen Stadtbesichtigung und einem netten morgendlichen Gespräch mit einem Shrimp Fischer, machte ich mich auf nach Myrtle Beach.
Leider gab es hier keine andere Möglichkeit als wieder den verhassten Highway 17 nach Norden zu nehmen. Erst kurz vor Myrtle Beach konnte ich die 17 verlassen und am Surfside Beach nahe am Meer fahren. Das Wetter war alles andere als Badewetter. Sonnig, rund 15 Grad und ein scharfer Westwind. Myrtle Beach ist in den USA ein sehr beliebtes Urlaubsziel. Es liegt an dem fast 100 Kilometer langen und berühmten Strand „Grand Strand". Leider hatte ich mich im Beach Cove Resort eingebucht, was wohl in den 80er Jahren zurückgeblieben ist.

North Carolina

North Myrtle Beach - Southport (86 km)
3. April

Wenn man so wie ich mit Tempo 15 ohne Blech um sich fährt, sieht, riecht und schmeckt man doch einiges mehr als mit 55 Meilen (88,5 km). Frisch geschnittenes Gras zum Beispiel. Das gibt es hier jede Menge. Wer etwas auf sich hält lässt es mähen. Dann fährt ein Track mit Anhänger vor und darauf steht ein riesiges Monster von Rasenmäher, natürlich zum Aufsitzen. Der Befehl heißt dann „absitzen und aufsitzen". Schon fährt der meistens wie ein Cowboy aussehende, finster reinschauende, schonungslos über die Rasenfläche.
Es muss ja alles seine Ordnung haben und militärisch geschnittener Rasen sieht einfach besser aus als die Wiesen im Wald mit den wie Ostereier versteckten Plastikflaschen und Becher. Dazu passt dann auch das oft gesehene Schild „Men in Work". Zurück zu meiner Tour. Mir hat der Ruhetag ganz gut getan, so konnte ich frisch gestärkt um 8.00 Uhr meine Tagestour beginnen. Über den South Ocean Blvd ging es Richtung Norden. Es ist nicht wirklich schön hier. Auf der linken Seite stehen einige hübsche Holzhäuser, denen man die Sicht auf das Meer durch hässliche Betonklötze und Parkhäuser verbaut hat. Das Wetter war noch etwas frisch, aber ein schöner Tag hatte sich angekündigt. Leider war dieser Weg nach kurzer Zeit vorbei und es ging wieder auf den verhassten Highway 17. Bei Little River erreichte ich North Carolina. Ansonsten war die Strecke eintönig und von viel Verkehr geprägt. Nur bei Shallotte führte ein kleiner Schlenker zu ein wenig Abwechselung. Drei Meilen vor Southport erreichte ich nach 86 km mein Hotel.

Southport - Wilmington (60 km)
4. April

Ja, Morgen ist es soweit. Zum ersten Mal, dass ich Ostern nicht zuhause bin. Eier habe ich hier noch keine gefunden. Auch wenige geschmückte Häuser. Dafür aber viele Radfahrer und einen ganz langen Bike Path. Ich hatte mir am Vorabend noch Southport angeschaut. Die kleine Stadt wird als romantische Kulisse für Dutzende von TV-Shows und Filmen beschrieben. Ich konnte diesen Spot nicht finden, obwohl nur eine Straße dahin führt. Auch kein gescheites Lokal für mein Abendessen. Aus lauter Frust fuhr ich wieder die 3 Meilen zurück zum Hotel. Bei der Pharma Kette Walgreens kaufte ich mir dann was „Gesundes" für die Mikrowelle die in jedem Hotelzimmer vorhanden ist.
Am Morgen fuhr ich dann zur Fährstation für die 8.30 Fähre nach Fort Fisher. Beim Einsteigen fragte mich Andy – ein 45 jähriger Triathlet – ob ich nicht sein Rad in meine Gepäcktaschen verstauen könnte. An Bord standen dann unsere Räder nebeneinander. Auf der einen Seite der schwarze „Araberhengst" mit einem aerodynamischen Rahmen aus Carbon. Eine Schaltung ohne Kabel mit Funkauslösern. Das besondere „Continental Handmade Tires" Made in Germany. Daneben mein Ackergaul aus der Schweiz. Voll beladen mit 6 Taschen. Er fragte mich nach dem Gewicht. Ich konnte dazu keine Antwort geben. Er versuchte es anzuheben, was ihm aber nicht gelang. Seines konnte ich allerdings mit einem Finger heben.
Schnell verging im Gespräch die Überfahrt nach Fort Fisher. Fort Fisher war eine Befestigungsanlage des Konföderierten Heeres während des Sezessionskrieges. Es schützte die lebenswichtigen Nachschubwege zum Hafen von Wilmington. Ab der Fähre in Fort Fisher ging es nach Kure Beach, Carolina Beach über die Brücke nach Sea Beach. Hier dann in einer 180 Grad Kurve entlang des Cape Fear River bis nach Wilmington.
Großartig über 20 Kilometer einen eigene Bike Path zu haben. Hier traf ich dann auch Andy wieder, der mit seinem Freund auf seiner Trainingsfahrt entgegenkam. Ein kurzer Gruß wie von einem altem Bekannten. „Good Luck Frederick" schallte es über die Straße.

Schnell war ich dann über den Hafen kommend in Wilmington. Die Stadt im Südosten von North Carolina besitzt eine historische Altstadt geprägt von den herrschaftlichen Häusern im Antebellum Stil. Die Stadt bekam zu Ehren des Earl of Wilmington 1739 ihren Namen.

Die Filmindustrie, die Mitte der 80er Jahre nach Wilmington kam, ist nach Hollywood und New York das drittgrößte Zentrum in den USA. Hier wurde zum Beispiel Kap der Angst gedreht. Aber keine Bange, ich höre jetzt auf mit meinem Tagesbericht und wünsche euch allen schöne Ostertage.

Wilmington - Sneads Ferry (81 km)
5. April

Deutschland liegt in Afrika, sagte Hanna, das Enkelkind von Ray und Melinda. Ich hatte das Glück mal wieder einen Warmshowers Platz zu ergattern. Der Weg zu den beiden hätte eigentlich nur 50 Kilometer sein dürfen. Aber ich habe einen taktischen Fehler gemacht und die Navigation von Google Maps benutzt. Das brachte mich dann in einen Wald ohne Ausgang. Der eigentliche Sinn dabei war den verhassten Highway 17 zu vermeiden.
Der Waldweg war eine einzige Sandbüchse. An fahren war kaum zu denken. Da es Ostern war, dachte ich, nutze ich die Zeit um Eier zu suchen. Das einzige, was ich fand, waren jede Menge geöffneter Muscheln unter einem abgestorbenen Baum. Keine Ahnung wie die dahin gekommen waren.
Irgendwie habe ich es dann doch noch geschafft auf den Highway Richtung Norden zu kommen. Richtung Surf City war es möglich wieder in ruhige Gefilde zu fahren. Über Holly Ridge ging die Fahrt über Land nach Sneads Ferry. Hier war auch noch ein wenig von Ostern zu spüren. In vielen Gemeinden waren am Nachmittag Familien mit Kindern beim Eiersuchen unterwegs.
Nach dann rund 80 Kilometern erreichte ich dann das Haus von Ray und Melinda. Wunderschön an der Chadwick Bay gelegen. Ray begrüßte mich gleich mit einem Bier. Das Haus war voller Familie, Sohn mit Frau, Tochter mit Mann sowie vier reizende junge Girls. Mitten darin Melinda als ruhender Pol. Nach dem vorzüglichen Abendessen versuchte ich die Mädels ein wenig mit ihren Kenntnissen über andere Länder auszufragen. Ray brachte gleich den Globus zum Vorschein. Auf die Frage wo Deutschland liegt, zeigte Hanna auf Afrika. Das war lustig. Aber die Mädels waren so nett, dass ich Ihnen beim Scrabble Spiel noch einige deutsche Wörter beibringen wollte. Besonders beliebt war „Schokomilch". So ging ein wunderschöner Ostertag zu Ende. Danke Melinda und Ray.

Sneads Ferry - Atlantic Beach (118 km)
6. April

Kaum 1500 Kilometer drauf gesessen und schon klaffte an der guten Löffler Radhose ein weißer Spalt. Ich hatte am Vorabend diesen Spalt mit meinen alten Pfadfinder Kenntnissen mit Nadel und Faden so gut es ging geschlossen. Da traf es sich doch gut, dass ich im Nähzimmer von Melinda übernachtete und mich dort eine Nähmaschine mit einem Lächeln weckte. Ich scheute mich nicht Melinda nach fachlicher Hilfe zu fragen. Wenige Minuten später sah die Hose wie neu aus. Überhaupt sorgte sich Melinda rührend um die vier Enkelkinder, Mann, Sohn, Schwiegertochter und meine Wenigkeit.
Zum Frühstück gab es frisch gebackene Waffeln mit süßen und herzhaften Beilagen. Gestärkt im Magen und am Hosenboden verließ ich beim schönsten Radlerwetter das Haus. Ray und die drei größeren Mädels eskortierten mich bis zum Ausgang der Siedlung. Leider ist das Marine Corps Base Camp Lejeune für normale Menschen gesperrt. So blieb mir nichts anderes über als in einen großen Bogen nach Jacksonville zu fahren.
Jacksonville ist eine ganz hübsche Kleinstadt mit einem Bioladen – in dem ich mich stärkte – und das erste Radgeschäft seit 1500 Kilometer. Leider montags geschlossen. Weiter ging es mit einer Umfahrung des Highways 24 und dann weiter auf dem Highway nach Hubert. Bei Swansbore ging es dann über die erste Brücke und beim Cedar Point über die hohe Brücke zum Emerald Isle. Hier konnte ich dann zum großen Teil direkt am Meer entlang fahren um die 58 zu umgehen. Leider sah ich vom Atlantik nichts. Alles bebaut mit wenigen schmalen Eingängen zum Beach. Kurz vor Sonnenuntergang erreichte ich dann mein Tagesziel Atlantic Beach.

Atlantic Beach - Ocracoke Island (72 km)
7. April

Irgendwie konnte ich den Autolärm und die Highways nicht mehr ertragen. Ich brauchte auch dringend einen Ruhetag. Am besten einsam auf einer Insel. Naja mit der Einsamkeit ist das so eine Sache, ganz einsam soll es natürlich auch nicht sein. So entschloss ich mich die Cedar Island Ferry nach Ocracoke Island zu nehmen und in den nächsten Tagen weit vom Festland die Outer Banks hoch zu radeln. Der Weg von Atlantic Beach ging über Morehead City und Beautfort entlang der Küste ins Cedar Island National Wildlife Refuge. Je weiter ich in das Gebiet vorankam, desto stiller wurde es. Am Schluss war ich fasst alleine auf der Straße. Das einzige Problem, was ich hatte war rechtzeitig die Fähre zu erreichen. Es fahren nur 2 Fähren am Morgen und eine letzte um 16 Uhr. Gut in der Zeit, schaffte ich es die Fährstation bereits um 15 Uhr zu erreichen.
Die Überfahrt dauerte 2 Stunden. Der Fahrpreis für mein Rad und mich war mit 3 Dollar erstaunlich günstig. Der Platz an Bord für Fahrzeuge ist nicht besonders viel. Daher sinnvoll eine Reservierung zu buchen. Da war ich natürlich mit meinem Rad in Vorteil. Erstaunlich fand ich, dass so viele in ihren Autos sitzen blieben. Das Schiff legte um 18 Uhr an und ich hatte nur noch wenige Meter zu meinem Hotel zu fahren.
Ja dann fand ich vor meinem Zimmer im First Floor – bevorzuge ich, weil ich dann immer mit dem vollgeladenen Rad ins Zimmer fahren kann – zwei dicke Hunde. Mein Zimmernachbar, dem die Hunde gehörten, machte keine Anstalten den Weg frei zu machen. Wer mich näher kennt, weiß, dass ich nicht gerade ein Hundefreund bin. Irgendwie kam ich dann doch noch in mein Zimmer und musste mir das Gekläffe vor der Tür anhören. Merke: checke vorher, ob das Hotel Pets freundlich ist.

Day off - Ocracoke Island
8. April

Von Florida bis North Carolina waren sie zu sehen. Die Holzhäuser mit Terrasse und mindestens einem Schaukelstuhl davor. Leider habe ich auf diesen 1500 Kilometern über Land immer nur leere Stühle gesehen. Da stell ich mir schon die Frage: ist das alles nur zur Dekoration. Oder haben die Bürger durch zwei und mehr Jobs einfach keine Zeit diese Stühle zu genießen. Dabei lässt sich der erste Schaukelstuhl in die Zeit der Pilgrim Fathers um 1620 datieren. Der aus dieser Zeit stammende Shaker Schaukelstuhl gilt als der Urtyp dieses Möbelstückes.
Ich hätte heute gerne meinen freien Tag im Schaukelstuhl verbracht. Aber überall stand nur das Schild Private Property. So musste ich mich auch ohne Schaukelstuhl in Ocracoke von den Strapazen der letzten Tage ausruhen. Das gelang mir sehr gut, denn Ocracoke Island, 50 Kilometer vom Festland entfernt, ist ein beschaulicher Ort mit viel Ruhe. Nicht umsonst gilt der Ort als „ The Pearl of the Outer Banks".

Ocracoke Island - Cape Hatteras (45 km)
9. April

So schön wie es gestern war, so scheußlich war es heute. Ein kalter Wind pfiff mir von NO ins Gesicht. Da war es schon gut, dass ich für heute keine Langstrecke eingeplant hatte. Den Wind kann man als Radfahrer nur von hinten gebrauchen. Aber am besten ist noch Windstille, Sonnenschein und 25 Grad. Das alles hatte ich heute nicht, bestenfalls 12 Grad. Gefühlt waren es an den Fingerspitzen aber nur 5 Grad. Der starke Wind hielt zumindest im Anfang noch den Regen weg. Blöderweise erwischte es mich dann doch noch am Inselende kurz vor der Fähre. Der Verkehr war an diesem Morgen sehr ruhig, da man Ocracoke von beiden Seiten nur mit der Fähre erreichen kann. Teilweise war ich auf der Straße ganz alleine mit den Möwen, die sich einen Spaß daraus machten mich zu begleiten. Nach 20 Kilometern war der Spaß zuende und es ging auf die Fähre nach Hatteras. Die Überfahrt dauert eine Stunde und ist kostenfrei. Kurz vorher hatte ich noch Gelegenheit mit dem Kapitän der Fähre zu sprechen. Er erwähnte, dass es jetzt noch sehr ruhig ist und es sicher immer Sommer keinen Spaß macht mit dem Rad über Ocracoke zu fahren. Der Verkehr wäre einfach zu stark. Auf meine Frage, ob es nicht zu langweilig sei immer die gleiche Strecke zu fahren, erwiderte er: „Nein, das macht Spaß, ich mache es jetzt schon 25 Jahre, bei der NAVI war es nicht so schön."

Nach einer Stunde legten wir in Hatteras an. Bei der Durchsage erhob sich mühsam ein Besatzungsmitglied von seinen Schlafplatz in der Passagier Lounge um die Taue festzuzurren. Eine Seefahrt die ist ..... Hatteras wirkte auf mich etwas größer und schicker als Ocracoke. Man merkt aber gleich: um hier hin zu kommen braucht man keine Fähre, denn im Norden gibt es Brücken zum Festland. Ich stattete dem berühmten Leuchtturm noch einen Besuch ab.

Der erste wurde bereits 1803 am Kap errichtet und 1870 durch den jetzigen Turm ersetzt. Er ist mit 64 Metern der höchste Leuchtturm in den USA und der höchste aus Backstein in der Welt. Nach dieser kurzen Besichtigung gab es nur noch eines für mich. Ein warmes Bad im Hotel.

Cape Hatteras - Kitty Hawk (106 km)
10. April

Die Eiszeit ist längst vorüber, dachte ich. In Zeiten, wo die Pole abschmelzen. Hier werde ich eines besseren belehrt. Die USA schmeißt alle Maschinen an um Eis zu produzieren. Leider nicht für die Pole, sondern für die Drinks. Ich gebe zu, Coca Cola kann man auch nur kalt genießen. Sonst schmeckt sie wie Medizin, so wie sie ja auch ursprünglich mal von John Stith Pemberton in Atlanta erfunden worden ist. Aber muss man denn überall - selbst in Bier- Eiswürfel reinschmeißen? Irgendwie muss das ja auch produziert werden. Das frisst eine Menge Energie. Aber wer denkt schon daran.

Klein Hanna kann es nicht wissen, wenn sie schon denkt das Benzin kommt von der Tankstelle. Ja und da stehen sie dann auch, diese riesigen Schränke, wo man säckeweise Eis kaufen kann. Oder man hat seinen Monsterkühlschrank zuhause der das Eis auf Knopfdruck ausspuckt. Warum muss man bei 10 Grad Außentemperatur eiskalt trinken, wenn die Araber bei 40 Grad heißen Tee trinken? Das wäre doch mal ein Gedanke wert, oder?

Zum Glück waren es heute nicht nur 10 Grad, sondern eine angenehme Wärme und Wind von Süden. Der Regen von gestern hatte sich verzogen und so kam ich schnell über den Highway 12 über Salvo Rodanthe und über die lange Brücke nach Bodie Island. In Kill Devil Hills konnte ich noch das Denkmal der Gebrüder Wright besichtigen, die als Pioniere der Luftfahrt gelten.

Im Oktober 1900 erprobten die beiden Brüder auf den Kill Devil Hills ihren ersten Doppeldecker-Gleitflug aus. Beflügelt von dieser Leistung schaffte ich auch noch die letzten Kilometer zu meinen Warmshowers Hosts Linda und Tom. Beides ganz liebe Leute. Die außer mir auch noch drei junge Tourenfahrer aus Kalifornien einen Unterschlupf boten. Tom kochte auf und wir verbrachten einen tollen Abend zusammen. Danke an Linda und Tom.

Virginia

Point Harbor – Virginia Beach (100 km)
11. April

Über sieben Brücken musst du gehen. Wie es in einem Song von Karat heißt. Oder in meinem Fall fahren. Ich habe die Brücken von Florida bis Virginia nicht gezählt. Aber dieser Teil meiner Reise war nicht ungefährlich. Die Straßen haben oft keinen Seitenstreifen, das verschärft sich dann noch, weil oft, dieser Seitenstreifen auf den Brücken einfach in die Fahrbahn läuft. Teilweise waren auch oft, ganze Teile der Brücke gesperrt.

Erfreulich fand ich es, dass Linda und Tom sich bei der Polizei über die Bauarbeiten der Wright Memorial Bridge erkundigten, die von den Outer Banks aufs Festland führt. Das Ergebnis war für Tom dann nicht befriedigend, so dass er mich, nachdem er meine Kette gereinigt und eingestellt hatte, es sich nicht nehmen ließ mich mitsamt Fahrrad und Gepäck in seinen alten Mercedes Kombi verfrachtete und über die Brücke brachte.

Danke Tom, das war eine super Entscheidung und mehr als eine nette Geste. So startete ich meine heutige Tour auf dem Highway 158 in Richtung Norden. Der Verkehr war schon ziemlich stark, nach Beendigung der Ferien ging vieles wieder Richtung Norden. Bei Walnut Island konnte ich den Highway für kurze Zeit verlassen und ein wenig die Landluft genießen. Zum ersten mal sah ich landwirtschaftliche Betriebe. Alles blühte und der Raps strahlte in leuchtendem Gelb und versprühte diesen unwiderstehlichen Duft.

Leider musste ich dann wieder auf die 158 und später auf die 168 zur Fähre nach Knotts Island. Hier musste ich aber 90 Minuten auf die nächste Fähre warten, was nicht so schlimm war, weil ich mich mit den Fährleuten und den anderen Wartenden unterhalten konnte. Besonders beeindruckt hat mich das Prunkstück, was ein Gentlemen hinter seinen Truck gespannt hatte.

Riesige Schweineschultern für die Hochzeitsfeier seine Nichte. Ich durfte sogar kosten. Einfach toll, aber nichts für die Satteltaschen. Die Überfahrt dauerte 40 Minuten und war wieder frei. Knotts Island ist ganz ruhig und toll zum Radfahren. Ein großer Teil geht durch Naturschutzgebiet. Viele Tiere und sogar eine große Schildkröte lief über die Straße, kurz bevor meine Schwalbe (Reifen) sie erreicht hatte.

Kurz nach dem Naturschutzgebiet geht es über die Grenze nach Virginia. Sehr ländlich geprägt, aber wieder mehr Verkehr. Über Pungo Ferry weiter zu meinem Tagesziel nach Virginia Beach. Virginia Beach ist schon sehr touristisch geprägt. Mit einer Küstenstrasse und wie so üblich mit viel Fun. Obwohl es meiner Ansicht nicht gerade warm war, liefen alle in Shorts und ärmellosen Hemden herum. Besonders die jungen Leute und sehr viele Farbige.

Virginia Beach - Norfolk (40 km)
12. April

Mein Plan für heute war bis Williamsburg zu fahren. Schon früh am Morgen kurz nach Sonnenaufgang brach ich auf um die Tagesetappe zu schaffen. Ein kurzes Stück ging es entlang am leeren Strand von Virginia Beach. Mir hat der Ort überhaupt nicht gefallen. Einfältige Bauweise und ein kerzengerader Promenadenweg aus Beton. Es war Sonntagmorgen und der Verkehr hatte noch nicht eingesetzt. Das Wetter kalt, aber sonnig. Kerzengerade ging es mit der wärmenden Sonne im Rücken auf dem Highway 58 in Richtung Westen. Links und rechts ein Einkaufszentrum nach dem anderen. Es war noch zu früh und viele Geschäfte haben auch sonntags geschlossen.
Nach rund drei Stunden kam ich in Norfolk an. Plötzlich ging es nicht mehr weiter. Alles mündete in die Interstate 264, 464 oder den Tunnel unter dem Elisabeth River. Alles für Radfahrer verboten. Da war guter Rat teuer. Ich fragte noch an der Bushaltestelle nach einer Möglichkeit, aber ohne Erfolg. Dann erinnerte ich mich meiner Starwood Punkte und checkte im Sheraton Waterfront gratis ein.
Hier erfuhr ich dann, dass es eine Fähre auf die andere Seite gibt. Naja nun hatte ich es nicht mehr eilig. Ich habe diesen kleinen Zwischenstopp nicht bereut. Norfolk ist eine sehr schöne Stadt am Elisabeth River, die bereits 1682 gegründet wurde. Im Unabhängigkeitskrieg wurde Norfolk zum letzten Stützpunkt der britischen Krone. Bereits im Jahr 1801 errichtete die Marine einen ersten Stützpunkt, in Norfolk.
Heute unterhält die Navy hier einen Marinestützpunkt der sich bis ins benachbarte Portsmouth erstreckt. Dies ist der Heimathafen der US-Atlantikflotte. Die Naval Station Norfolk ist die größte Basis der US-Marine in den USA. Mehrere Flugzeugträger, U-Boote und andere Kriegsschiffe sind in Norfolk stationiert. Neben all diesen Kriegsmaschinen gibt es auch noch das Chrysler Museum of Art und einige sehr schöne alte Häuser und Kirchen.

Norfolk - Williamsburg (90 km)
13. April

Virgina is for Lovers." Großer Spruch aus der Werbung über Virginia. Ich kann das für den heutigen Tag nur bestätigen. Angefangen hat alles mit der Fähre nach Portsmouth. Die kreisfreie Stadt liegt auf der anderen Seite des Elisabeth River und wurde bereits 1620 gegründet. Ein sehr schönes altes Stadtbild, der morgendliche Sonnenschein und Ruhe waren der richtige Auftakt für einen guten Radeltag.
Der Verkehr war noch sehr ruhig. Selbst der Highway 17 schien noch zu schlafen. Weiter ging es über eine tolle Landschaft bis nach Smithfield. Ich wollte hier eigentlich nur einen Kaffee trinken. Aber Marianne, Ray und Doc, die draußen vor einem schönen Kaffee in der Hauptstrasse saßen, winkten mich zu ihrem Tisch. Alle drei waren mit ihren Rennrädern unterwegs. Doc, bereits 82 Jahre alt, war besonders redselig. Wir kamen ins Plaudern, es war dann auch Zeit für Lunch und ich bestellte mir einen gesunden Salat.
Zu meinem Erstaunen bezahlte dann Doc noch die Rechnung für uns vier. Danach ging es durch eine tolle Farmlandschaft zur Jamestown Fähre. Es war bisher der beste Tag zum Radfahren, Sonne, wenig Wind, kaum Verkehr und eine tolle Landschaft ohne Mc Donald`s etc. Nach der Fähre musste ich mich ein wenig beeilen, um pünktlich bei meinen Warmshower Gastgebern Jeff und Julie einzutreffen.
Beide boten mir einen Platz an, obwohl sie einen Event in ihrem Health Center zu betreuen hatten. Ihre Tochter Alline nahm mich freundlich in Empfang und wir fuhren gemeinsam zum Event. Die Vorträge von Rebecca Linder Hinze über ein gesundes Leben waren sehr interessant. Schade, dass sich daraus kein gemeinsamer Abend entwickelte.

Day off in Williamsburg
14. April

Mein Tretlager knirschte schon sehr. Erst dachte ich es sind meine Knie. Aber das Geräusch kam von weiter unten. Jeff gab mir die Telefonnummer von Barrys Bike Shop. Noch schnell Wäsche waschen, dann ab zu Barry. Wir haben nicht genau raus gefunden, was es war. Tretlager oder sonstiges. Barry spannte noch die Kette und montierte neue Pedale. Dann hatte ich Zeit für die Historie von Williamsburg. 1633 wurde die Stadt mit dem Namen Middle Plantation als Teil von Jamestown gegründet. Zu Ehren von König Wilhelm III von Oranien wurde die Stadt im Jahre 1699 in Williamsburg umbenannt. Große Teile davon stehen seit 1931 als Colonial Williamsburg unter Denkmalschutz.
Colonial Williamsburg wird jedes Jahr von mehr als einer Million Menschen besucht. Es ist heute ein Living History Museum, in dem das Leben des 18. Jahrhundert interpretiert wird. Den Eintrittspreis von $ 40,- für eine Eintrittskarte fand ich erst etwas überhöht. Es wird aber dauernd etwas geboten, so dass man sich hier den ganzen Tag aufhalten könnte.
Mir machte allerdings der Regen einen Strich durch die Rechnung. Klitschnass erreichte ich mit dem Rad das Haus von Julie und Jeff. Der Nässe nicht genug lief dann noch die Toilette nach einem einmaligen Abdrücken total über. Das ganze Badezimmer stand einige Zentimeter unter Wasser. Mein Hilfeschrei erreichte Julie und sie kam mit einem Haufen trockener Badetücher.
Schnell war der Schaden beseitigt. Gott sei Dank war es kein großes Geschäft. Die Tochter Alline im Zimmer nebenan, bekam von der nassen Aufregung nichts mit. Sie war aber so lieb mir einen Powerdrink zum Dinner zu mixen. So ging der Tag erfolgreich aber feucht zu Ende.

Williamsburg - Richmond (86 km)
15. April

Das glaub ich nicht ...Würde Hape Kerkeling sagen. Ich konnte es auch nicht fassen: 50 Kilometer Radweg nur für mich. Aber dazu später. Auch die zweite Nacht im Haus von Julie war sehr erholsam. Ich hatte Julie am Abend versprochen einige Fotos von ihr für ihre Website The Nutrion and Wellness Center zu machen. Ausgeruht gingen wir die Aufnahmen vor dem Haus an. Ich denke in der Kürze der Zeit sind einige gute Aufnahmen entstanden.
Ich startete dann etwas unüblich erst um 9 Uhr. Die Fahrt ging über den John Tyler Hwy ganz ruhig zum James River. Dann bis zum Jamestown Settlement und jetzt kommt das Unglaubliche:
50 Kilometer ununterbrochener Radweg neben dem Highway 5. So was habe ich bisher nicht erlebt. Selbst in Deutschland nicht. Schöner glatter Asphalt, eigens gebaute Brücken und Blumen am Wegesrand. Alles nur für mich, denn sonst war niemand auf dem Radweg. Das Wetter spielte auch mit. Es war bewölkt, etwas kühl, aber kein Regen. Um 16 Uhr erreichte ich Richmond.
Mein Warmshower Host Robbie arbeitete noch im Bike Shop. Ich erholte mich derweil in der Bar gegenüber bei einem Bier. Richmond ist die Hauptstadt von Virginia. Die Stadt ist geprägt vom Übergang zwischen dem Atlantischen Tiefland und dem Übergang zu den Appalachen. Die Stadt wurde erst 1737 gegründet. Richmond ist ein bedeutendes Bankenzentrum und die Firmenzentrale von Philip Morris. Den Abend verbrachten Robbie und ich bei einem gemeinsamen Dinner in der Nachbarschaft und mit Einkaufen der Vorräte. Der Stadtteil ist wirklich sehr schön. Alles ist zu Fuß zu erreichen und wir beide hatten nette Gespräche über Gott und die Welt.

Richmond – Fredericksburg (112 km)
16. April

Robbie, mein Host, lebt mit zwei Mitbewohnern und zwei Katzen zusammen in einem Haus. Alle sind begeisterte Radfahrer. So dass jeder Mitbewohner mindestens drei Räder hat. Diese müssen ja irgendwo untergebracht werden in dem kleinen Haus. So war es nicht verwunderlich, dass mein Couchplatz umzingelt von Rädern war, auf denen die Katzen auch in der Nacht balancierten.
Nach einem kräftigen Frühstück machte ich mich mit Robbies Wegbeschreibung auf in Richtung Fredericksburg. Es war gar nicht so einfach aus der Stadt heraus zu kommen, da doch einige Straßen gesperrt waren. Der erste Teil der Strecke durch die Vororte von Richmond bis nach Ashland war sehr schön. John, ein ehemaliger Soldat, der in den 70er in Augsburg stationiert war, sprach mich an. Er war auch mit dem Rad in Richtung Ashland unterwegs. Wir plauderten eine Weile während der Tour.
Er zog seine verblassten Deutschkenntnisse aus dem Hut. Er zeigte mir noch den Weg, dann brauste er mit seinem Rennrad voran. Ashland, ein hübscher Ort, wurde 1858 an einer historisch viel genutzten Route zwischen Richmond und Washington gegründet. Mitten durch den Ort verlaufen die Schienen der Eisenbahn.
Ashland beherbergt das Randolph-Marcon Collage und geriet 2002 in die Schlagzeilen der Beltway Sniper Attacks. Den Rest der Strecke würde ich am liebsten vergessen. Sehr onduliertes Gelände mit langen Anstiegen und kurzen Abfahrten. Durch Zeitnot fuhr ich einen großen Teil den Highway 1. Ich wollte ja spätestens um 18 Uhr bei meinen nächstem Host Terry und Beth sein. Das gelang mir nicht ganz so wurde es 19 Uhr. Beide nahmen mich sehr freundlich auf. Die heiße Dusche, das tolle Zimmer, das schmackhafte Abendessen und die interessanten Gespräche ließen die Anstrengungen des Tages schnell vergessen.

Day off in Fredericksburg
17. April

Der gestrige Ritt nach Fredericksburg hatte mich ganz schön geschlaucht. Ich war daher sehr erfreut, dass mir Beth und Terry angeboten hatten noch einen Tag zu bleiben. Sie zeigten mir mit dem Rad die Schönheiten der Stadt. Mir gefällt Fredericksburg wirklich sehr gut. Meine Namensgleichheit hat damit aber nichts zu tun. Fredericksburg wurde 1671 als Fort zur Erschließung des restlichen Virginias gegründet.
Die Ansiedlung deutscher Familien aus dem Siegerland erfolgte 1714 in einem Ort namens Germanna am Ripidan River. Auf halber Strecke zwischen Richmond und Washington gelegen, war im Bürgerkrieg Fredericksburg Zielscheibe für eine große Auseinandersetzung der Nord- und Südstaaten. Die Schlacht fand zwischen dem 11.-15. Dezember 1862 statt und forderte hohe Verluste auf beiden Seiten. Insgesamt starben in den 5 Tagen 18.000 Soldaten, die meisten davon auf der Seite der Union.
Der Bürgerkrieg, der zwischen 1861 und 1864 ausgetragen wurde, ist noch immer im hohen Bewusstsein der Amerikaner. Nie zuvor hat es auf dem Boden der USA einen so verhärteten Konflikt gegeben. Ursache war eine tiefe wirtschaftliche, soziale und politische Spaltung zwischen den Nord-und Südstaaten. Als Reaktion auf die Wahl von Abraham Lincoln zum US Präsidenten traten im Winter 1860/61 die meisten Südstaaten aus der Union aus. Der Krieg begann mit der Beschießung Fort Sumters durch die Konföderierten.
Wenn man dann so wie wir alle diese historischen Sachen besichtigt und die Grabsteine liest, sieht man erst, wie sinnlos Krieg ist. Wir sollten nicht suchen was uns trennt, sondern was uns eint. Zum Beispiel die Liebe zum Radfahren. Darum noch mal meinen herzlichen Dank an Beth und Terry für ihre Gastfreundschaft. Ich werde das nicht vergessen.

Fredericksburg - Woodbridge (55 km)
18. April

Virginia hinter Gittern... Naja, ganz so schlimm ist es nicht. Aber dazu komme ich später. Gestern Abend mussten Terry und ich aus dem Haus. Beth hatte eine „Tupper Party" oder so was ähnliches mit ihren Girls organisiert. So machten wir beiden Fredericksburg unsicher. Es gibt dort sehr viele und schöne Lokale. Was man auf dem ersten Blick gar nicht vermutet. Die Häuserfronten sind sehr schmal, aber oft die Lokale nach hinten über einen ganzen Block.
Sogar ein deutsches Lokal gibt es. Allerdings schreckt der Preis von $ 8,- für eine Hefeweiße schon ab. Aber was soll's, das Bud light ist keine Alternative. Wir hatten auf jeden Fall einen schönen Abend. Morgens um 8.30 saßen wir drei aber schon wieder auf dem Rad. Beide ließen es sich nicht nehmen mir Begleitschutz aus der Stadt zu geben. Nach 5 Kilometer verabschiedeten wir uns herzlich und ich fuhr weiter in Richtung Washington.
Es war ein Traumtag, wie für Radfahrer gemacht. Das dachten wohl auch alle Autobesitzer. Der Verkehr war dann teilweise so stark, dass ich winkend am Stau vorbei fahren konnte. Auch heute war es wieder eine recht hüglige Angelegenheit. Aber nicht so lang, weil ich mir die Strecke nach Washington so eingeteilt hatte, dass ich an einem Sonntag in die Stadt fahren wollte. Bis Stafford versuchte ich den Highway 1 zu vermeiden und fuhr über Land. Hier ist mir dann das wieder aufgefallen, was ich bisher nur in Virginia gesehen hatte. Hässliche Zäune um schöne Häuser. Warum machen die dass kam mir in den Sinn. Das ist wie Virginia hinter Gittern. Oder ist es noch so, dass man den Yankees nicht alles zeigen will ? Geheimwaffen wie Rasenmäher, Laubbläser etc. man muss ja dem „Feind" nicht alles offen legen. Das ist, dachte ich mir, so ähnlich wie die „Liebe" zwischen Bayern und Preußen

Washington D.C.

Woodbridge - Washington D.C. (50 km)
19. April

Dear Mister President, come take a ride with me... würde ich gerne in Anregung und Abänderung des Textes von Pink zu Barack Obama sagen. Ja ich habe in den 2500 Kilometern durch das Land viel gesehen. Positives und Negatives. Aber es würde zu weit führen es jetzt hier zu erzählen. Heute war Sonntag und ich bin schon sehr früh aufgebrochen um den Verkehr zu vermeiden.

Der Weg führte mich über den Occoquan River und dann in einen großen Bogen um den Regional Park zurück auf den Highway 1. Auch hier wieder ein sehr profiliertes Gelände. Lange ermüdende gerade Anstiege und Abfahrten. Kurz vor DC erreichte ich den Nationalfriedhof Arlington. Der Friedhof wurde mit den Sezessionskriegen bereits 1864 gegründet. Jährlich finden hier rund 5400 Beerdigungen statt. Unter anderen liegt hier auch John F. Kennedy begraben.

Über den Pontiac River ging es vorbei am Lincoln Memorial zum Amtsitz des Präsidenten. Leider wollte er keine Runde mit mir fahren. Kein Wunder bei so vielen Chinesen vor der Tür. So blieb mir nichts anderes übrig als zu meinem Gastgeber John zu fahren. Dort erwartete er mich sehr freundlich mit seiner Freundin. Beide hatten aufgekocht. Wir hatten einen sehr schönen Abend zusammen. Beide reisen gerne, am liebsten mit dem Rad. Am liebsten nach Frankreich.

Day off in Washington D.C.
20. April

Freedom is not free. Steht an einen der vielen Memorials in Washington D.C. „Freiheit ist nicht umsonst" würde ich übersetzen. Dies ist eine beliebte Formel für die Wertschätzung der US Streitkräfte in aller Welt. Mir stellt sich da natürlich die Frage: was ist Freiheit und in welcher Form sollten wir sie beschützen? „Freiheit ist immer Freiheit des Andersdenkenden" hat Rosa Luxemburg einst in ihrer berühmten Schrift Russische Revolution geschrieben.
Ich verstehe ja, dass die Amerikaner eine lange militärische Tradition haben und stolz darauf sind, an welchen Brennpunkten in der Welt sie auch dienen. Auch dass es riesige Friedhöfe und Ehrenmale gibt. Aber es wird oft vergessen, dass hinter jedem Kreuz, Davidstern oder Halbmond ein toter Mensch steht. Dass Familien trauern und es ihnen ein wenig hilft, wenn ihre Söhne und Töchter geehrt werden. Ginge es nicht auch anders? Ich kann die Frage nicht klar beantworten, aber ich habe die Freiheit gehabt hier unbescholten durchs Land zu radeln.
Mit einer Geschwindigkeit, wo man noch riechen, spüren und schmecken kann, was in diesem Lande vor sich geht. Bis auf wenige Ausnahmen habe ich kein Elend gesehen. Aber dass Flaschen aus fahrenden Autos in den Wald geschmissen werden, ist nicht umsonst. Denen, die das unterlassen, oder die den Dreck aufsammeln, wird kein Denkmal gesetzt. Nur denen, die mit Waffengewalt für die Freiheit kämpfen. Ja das Weiße Haus ist schön, auch die Gedenkstätten super gepflegt. Aber nur eine Straße weiter sind riesige Löcher im Straßenbelag. Das käme vom Frost, hat man mir gesagt. Ja hat denn die Straße ums weiße Haus eine Fußbodenheizung? FREEDOM IS NOT FREE !

Maryland

Washington D.C. – Annapolis (58 km)
21. April

Stopp, na wer soll nun stoppen? Der Tag in Washington hat mir sehr gut getan. Vielen Dank an meinen Host John. Am Vorabend und in der Nacht gab es ein Gewitter. Es hatte sich angenehm abgekühlt. Wir verließen beide mit unseren Rädern das Haus. Er fuhr wie jeden Tag mit dem Rad zur Arbeit. Ich Richtung Osten nach Maryland. So bekam ich den morgendlichen Berufsverkehr Downtown mit. Es funktionierte eigentlich ganz gut. Viele benutzen eigene Räder oder die Räder an den Docking Stationen. Diese sind mehr als reichlich vorhanden. Es gibt eigene Bikespuren, teilweise abgesichert vom Autoverkehr.
Was aber nach meiner Meinung zu wünschen ließ, ist die Art der Ampelschaltung. Oft kam ich nur 100 Meter weit, bevor die nächste Ampel auf rot sprang. Was ich überhaupt nicht verstanden habe, sind die STOP Schilder. Oft stehen an einer Kreuzung auf jeder Seite eines. Ja wer soll denn dann stoppen und wer fahren. Geht es hier nach der Größe des Autos oder nach Schönheit? Keine Ahnung, da lob ich mir doch rechts vor links. Das spart Wartezeit und viele Schilder. Ansonsten hat mir Washington sehr gut gefallen. Naja, was man so in zwei Tagen sehen kann. Aber sicher einen längeren Aufenthalt wert. Die Fahrt nach Annapolis verlief ohne Schwierigkeiten. Allerdings waren auch hier einige Hügel zu überwinden. Annapolis ist die Hauptstadt des US-Bundesstaates Maryland. Bereits 1646 gründeten britische Siedler einen Hafen, den sie Arundel Town tauften. 1704 verlegte der Gouverneur der jungen Kolonie Maryland den Regierungssitz von St.Marys City nach Arundel Town und benannte ihn zu Ehren der Königin Anne in Annapolis um. Nach Ende der Unabhängigkeitskriege diente die Hafenstadt sogar neun Monate als Hauptstadt der Vereinigten Staaten. Im Maryland State House – was zwanzig Jahre älter ist als das Kapitol in Washington – legte George Washington seinen Oberbefehl über die Kontinentalarmee nieder.

Annapolis – Denton (64 km)
22. April

Fat Tire ist besser als flattire, dachte wohl mein Host Cindy in Annapolis. Ich kann das nur bestätigen. Bisher hatte ich beides noch nicht. Das Bier aus Colorado schmeckte vorzüglich und einen platten Reifen brauche ich nicht. Vielen Dank an Cindy und Jim für den netten Abend.
Der Morgen begann sehr früh, denn ich musste ja irgendwie über die Brücke nach Kent Island kommen. Die Cheasapeake Bay ist die größte Flussmündung in den USA und eine der bedeutendsten Naturlandschaften Nordamerikas. An der schmalsten Stelle überquert die 7 km lange Cheasapeake Bay Bridge in 60 Meter Höhe die Bay. Die Brücke ist natürlich für Radfahrer verboten. Auch viele Autofahrer trauen sich nicht die Brücke zu überqueren.
Dafür gibt es den „Drive Over Service": für 30 Dollar brachten sie mich mitsamt Gepäck und Fahrrad sicher über die Brücke. Leider hatte ich eine Brücke später das gleiche Problem. Auch hier ist der Highway für Räder gesperrt und die kleine Brücke daneben auch, weil sie gerade renoviert wird. Ich dachte schon meine Reise ist zu Ende. Aber im netten Gespräch mit den Bauarbeitern bot mir Tarek an, mich mit seinem Truck über die Highway Brücke zu bringen. Das gratis und ich bekam sogar noch einen Energiedrink. Danke Tarek, eine gute Tat mit dem von mir nicht geliebten Truck. Ansonsten verlief die Fahrt über das weite Farmland der Halbinsel reibungslos. Dunkle Wolken und ein scharfer Wind, ließen aber keine Verschnaufpause zu.

Delaware

Denton – Lewes (75 km)
23. April

Das spart eine Menge Benzin, sagte der junge Mann mit einem Blick zu meinem voll beladenen Fahrrad. Der Tonfall war eher verächtlich denn bewundernd. Ich stand in Front vor einem Barbershop um mir die Haare schneiden zu lassen. Ich vermute, dass es verächtlich gemeint war, denn der Mann war ein wenig füllig und auf dem Weg zu seinem Auto. Ich hatte darüber noch nicht nachgedacht, aber bei diesen 2500 Kilometern mögen es wohl rund 250 Liter gewesen sein. Da ich keinen Termin beim Friseur bekommen hatte, fuhr ich weiter über die Grenze nach Delaware. Es ist flächenmäßig nach Rhode Island der zweitkleinste Staat in den USA. Der Bundesstaat trägt auch den Beinamen „The First State," da Delaware 1787 als erster Staat der Dreizehn Kolonien die Verfassung der USA ratifiziert hat.

Die ersten europäischen Siedler kamen bereits 1631 in das Gebiet und gründeten einen niederländischen Handelsposten mit dem Namen Zwaanendael, dem heutigen Lewes. Die Fahrt hierhin gestaltete sich problemlos. Es war zwar sehr kalt, aber der Westwind brachte mich eher nach Lewes als erwartet. So blieb mir noch genügend Zeit mich um die Fähre nach Cape May zu kümmern, bevor ich zu meinem Host Michele fuhr. Michele kochte ein vorzügliches Veganes Dinner für ihren Partner Jay und mich. Gemeinsam teilen wir die Leidenschaft für das Radfahren. Wir sprachen über alles Mögliche und hatten einen sehr schönen Abend.

New Jersey

Lewes - Ocean City (64 km)
24. April

Nur eine Böe und plötzlich lag die USA am Boden. Unauffindbar auf diesem grauen Untergrund. Ich meine das gesamte Straßennetz der USA abgespeichert auf eine Mini SD Karte. Die Anzeige auf meiner Garmin Navigation ging aus. Ich musste die Batterien wechseln. Das tat ich unglücklicherweise auf der Straße. Dabei muss die Karte wohl rausgefallen sein. Als ich das Gerät wieder einschaltete, war die USA vom Screen verschwunden. Oh ich dachte schon meine Reise ist zu Ende. Ich legte mein Rad an den Straßenrand und fing verzweifelt an zu suchen.

Die Aussicht auf Erfolg war gleich null. Einige Autofahrer hielten an und fragten höflich, ob mir was passiert sei. Ich antworte verlegen „die USA liegt am Boden". Wie durch ein Wunder fand ich doch tatsächlich nach einer Weile die Karte. Ich setzte meine Fahrt zur Fähre nach Cape Henlopen fort, um pünktlich die Fähre nach Cape May in New Jersey zu erreichen.

Die Sonne schien, aber es war bitter kalt, nur 4 Grad. Es wehte ein eisiger Wind von Westen, der den ganzen Tag nicht abriss. Die Überfahrt dauerte rund 90 Minuten. Das Schiff schaukelte mächtig in der aufgebrachten See.

In New Jersey angekommen holte ich erstmals eine weiter Jacke aus meinem Gepäck. Nach Norden fahrend machten mir die böigen Westwinde ganz schön zu schaffen. Nach einer Weile ein lauter Knall an meinem Vorderrad. Der erste Platten nach 2500 km. Willkommen im Garden State. Glücklicherweise passierte das ganze vor einem Wartehäuschen der Buslinie. Nicht dass ich damit fahren wollte, aber der Unterstand und die Bänke waren mir schon sehr willkommen. Der Reifen war schnell gewechselt und es ging weiter durch New Jersey.

Die Straßen sind hier schön breit und genügend Platz für Radfahrer, teilweise eigene Bikespuren. Ich hatte mich entschieden in Ocean Beach zu übernachten. Das Hotel war schon in Sichtweite. Allerdings die Straße gesperrt. Vor dem Hotel eine Menge Bauarbeiter mit Presslufthammer etc. Da ich nicht in die Straße fahren konnte,

entschied ich mich abzusteigen und auf dem Gehweg der frei war zu schieben.
Plötzlich ein Schlag von hinten, ein Auto hatte mich und die gesperrte Straße übersehen. Ich fiel auf die Straße, drei indisch aussehende Männer stiegen aus und entschuldigten sich bei mir. Mir war außer ein paar Schrammen am Knie nichts passiert. Ich hatte ja noch lange Hosen und Winterhandschuhe an. So ging dieser „Bad Hair Day" zu Ende.

Ocean City - Bass River (75 km)
25. April

Einfach nur kalt war es heute morgen, gerade mal 4 Grad. Kein Wunder, dass auf dem Boardwalk in Ocean City kaum einer war. Der Wind hatte nachgelassen, aber die Kälte aus dem Norden legte sich über den Strand. Weiter ging es über Longport, Ventor City nach Atlantic City.
Meiner Meinung nach das Hässlichste, was ich bisher gesehen habe. Der Sommer mag das ja alles vergessen, aber jetzt ist dieses kleine Las Vegas einfach nur hässlich. In einem großen Bogen ging es nach Egg Harbor City. Mangels anderer Möglichkeiten kehrte ich bei McDonald`s ein.
Komisch, kaum Radfahrer hatte ich bisher gesehen. Plötzlich alles voller gelb gekleideter, gut gebauter Männer. Die waren noch verrückter als ich. Teilnehmer einer 300k Rundfahrt. Das bedeutete 300 Kilometer in 20 Stunden. Die Teilnehmer waren bereits seit 5 Uhr am Morgen unterwegs.
 Mein Weg führte mich weiter durch eine schöne Flusslandschaft zu meinem Host Tom nach Bass River. Nach 75 Kilometer hatte ich etwas durchgefroren mein Tagesziel erreicht. Tom kochte uns Spaghetti, so kam ich schnell wieder zu Kräften. Vielen Dank, Tom, für Deine Gastfreundschaft.

Bass River - Toms River (65 km)
26. April

Sonntagsruhe gibt es in den USA nicht. Auch am Sonntag werden alle Geschütze aufgefahren um möglichst viel Lärm zu machen. Laubbläser, Rasenmäher, übergroße Trucks mit riesigen Reifen. Das sehen viele als Freiheit an. Besonders die Rednecks, der Staat sollte einen nicht daran hindern auch Sonntags sein Geld zu machen.
 Ganz so einfach ist das nicht mit der Freiheit. Viele haben zwei oder drei Jobs. Es muss ja auch alles irgendwie bezahlt werden. Das mobile Home auf einem gepachteten Grundstück mitten im Wald. Die drei Autos vor der Tür. Food, Strom, Gas, Handyverträge etc.
Da lob ich mir doch die Sonntagsruhe in Deutschland. Viele Amerikaner würden das als Eingriff in die Freiheit betrachten. Die 100 Ampeln auf eine Meile aber nicht. Komisch nicht wahr? Wir, Tom und ich, hatten auf jeden Fall heute Morgen etwas Ruhe. Tom begleitete mich 20 Kilometer in Richtung Norden zu meinem nächsten Ziel Toms River. Es war wieder sehr kalt, aber sonnig. Der erste Teil ging durch den Base River State Forst und dann zum Highway 9. Hier trennten sich unsere Wege. Stangengerade ging es auf der 9 über Forked River nach Toms River. Die Fahrt wurde von sehr viel lautem Sonntagsverkehr begleitet. Schade, dass es keine Sonntagsruhe gibt.

Toms River – Middletown (77 km)
27. April

Es gibt schon wundersame Dinge in den Staaten. Zum Beispiel Sessellifte am Strand. Keine Ahnung wozu man diese braucht. Na ja in erster Linie sicher um nicht laufen zu müssen, oder keinen Sand zwischen die Zehen zu bekommen. Vielleicht möchten die Benutzer einfach nur auf die „Nackerten" runter schauen. Aber diese gibt es hier sicher nicht. War ja auch heute kein Wetter dafür.
Mein Morgen startete mit 39 F, das sind weniger als 4 Grad Celsius. Über den Highway 37 ging es nach Seasight Heights und dann Richtung Norden auf die 35. Genau hier an der Küste von New Jersey richtete der Hurrikan Sandy im Oktober 2012 verheerende Schäden an. Die Auswirkungen sind noch heute zu sehen. Viele Häuser sind immer noch im Rohbau.
In Point Pleasant Beach konnte ich meinem Verlangen nach einem heißen Kaffee nicht länger widerstehen. Mangels anderer Gelegenheiten ging ich zum ersten Mal in meinem Leben zu Dunkin Donuts. Der Kaffee war nicht gut, aber brachte mich wieder auf eine normale Temperatur.
Mitten im Raum war ein großer Tisch mit älteren Männern, die mich schon beim Eintreffen mit meinem voll beladenen Rad musterten. George einer der Männer kam zu mir an den Tisch. Er erzählte mir, dass er ein pensionierter Lehrer sei und die Männer sich alle nach dem Fischen zum Kaffee treffen. Wir sprachen über seine Erfahrungen mit der Donau-Kreuzfahrt und dass er nur am Wasser leben könnte. Ein anderer, 82 Jähriger, packte seine Deutschkenntnisse von der Highschool aus. Eine lustige Runde, die mich wieder auf Touren brachte.
Weiter im Norden, die Häuser wurden immer größer, der Rasen immer grüner. Am Shrewsbury River konnte ich fern am Horizont einen ersten Blick auf New York werfen. Die Landschaft wurde dann ein wenig hügliger, bevor ich in Middletown eintraf. Mein Host Toby begrüßte mich sehr freundlich und verwöhnte Dan und mich mit einem vorzüglichen Dinner.

New York City

Day off in New York
28. April

Das stimmt. Ich war noch niemals in New York City und ich finde es großartig. Dank meiner Gastgeber Dan und Toby, die in Mitteltown NJ wohnen, konnte ich zwei Tage New York genießen. Eigentlich brauchte ich nach sieben Tage ohne Pause Ruhe. Na dazu ist New York nicht gerade geeignet. Obwohl ich es mir eigentlich lauter vorgestellt hatte.
Den ersten Tag fuhr ich mit dem Pendlerzug von Mitteltown zur Penn Station in New York. Fahrtzeit etwa eine Stunde. Dann erkundigte ich New York als Fußgänger. Den zweiten Tag fuhr ich mit der Fähre in etwa 40 Minuten zum Finanzdistrict. Diesmal hatte ich mein Rad und die gesamte Ausrüstung dabei. Beide Möglichkeiten kann ich nur empfehlen. Besser wäre natürlich mehrere Tage im Big Apple zu verbringen.
New York hat eine lange Geschichte und es gibt viel zu entdecken. Nachdem bereits 1524 Giovanni da Varrazano und 1609 Henry Hudson die Gegend erforscht hatten, siedelten niederländische Kaufleute an der Südspitze der Insel Mannahatta. Die Siedlung erhielt den Namen Nieuw Amsterdam. 1664 von den Briten erobert, erhielt die Stadt dann ihren jetzigen Namen.
Heute ist New York City mit über 8 Millionen Einwohnern die größte Stadt der Vereinigten Staaten und eine der größten Städte der Welt. Natürlich konnte ich in den zwei Tagen nur einen kleinen Einblick über New York bekommen. Aber was ich gesehen habe, hat mir gefallen. Central Park, Broadway, Times Square, Wall Street sind nur einige Beispiele. Besonders begeistert war ich von den vielen Radwegen und Sportstätten am Hudson und East River.

New York - Long Beach (50km)
30. April

Schon am Vorabend fuhr ich über die Queensboro Bridge ins Hotel Mayflower. Es war das erste Mal auf dieser Reise, dass mein Rad kaum ins Zimmer passte. Irgendwie ging es dann doch. Das Hotel liegt nicht in der besten Gegend, aber ich wollte einfach am frühen Morgen nach Long Island starten.

Das schöne Wetter von gestern war leider vorbei. Bei 10 Grad, aber Sonnenschein, ging es noch ein kurzes Stück am East River entlang, dann über den Astoria Blvd vorbei am Laguardia Airport. An der Flushing Bay traf ich auf Joey mit seiner Filmkamera. Ich dachte, er filmte die startenden Flugzeuge. Weit gefehlt, mitten in der Bucht hatte ein Habicht sein Nest gebaut und fütterte seine Jungen. Er meinte die Fliegen viel schöner als die lauten Flugzeuge.

Durch den Flushing Meadows Corona Park, der 1939/40 zur Weltausstellung angelegt wurde, ging es weiter durch Queens. Bekannt ist der Park auch durch das berühmte Tennisturnier US Open. Plötzlich vermehrten sich die chinesisches Schriftzeichen. Ich befand mich mitten im Flushing Chinatown. Am Ende von Chinatown ging es durch den Kissena Park. Also ich muss schon sagen, New York macht sehr viel für die Parks und Sportstätten. Da der Wind sehr stark von NO kam und sehr unangenehm war, entschied ich mich nach Süden in Richtung Long Beach zu fahren.

Long Beach – Riverhead (111 km)
1. Mai

Ja beinahe wäre es zu meinem ersten Strafzettel in den USA gekommen. Nach der Nacht im einzigen Hotel von Long Beach fuhr ich über den Boardwalk und den Lido Blvd nach Norden auf den Meadowbrook Pkwwy. Der Morgen war mit 10 Grad noch sehr kalt und der Wind aus NO sehr unangenehm.

Plötzlich wurde ich von der State Police angehalten. Es wäre kein Bike Path auf diesem Highway und es daher nicht erlaubt mit dem Rad zu fahren. Ich fragte den Officer, wie ich denn sonst von Long Beach wieder runter kommen könnte. Er wollte mir ein Ticket verpassen und das Rad einziehen. Mein Einwand dass hier kein Verbotsschild ist, bemerkte er mit den Hinweis, kein Bike Path, kein Fahrrad. Da es nur noch eine Meile bis zur nächsten Ausfahrt war, verzichtete er auf eine Anzeige und brauste davon.

Ich fuhr dann bei der nächsten Ausfahrt auf die Merrik Rd, auch hier war kein Bike Path der Verkehr aber wesentlich langsamer. Von Freeport bis East Islip folgt ein Ort nach dem anderen. Es ist fast wie im Ruhrgebiet. Geschäfte reihen sich an Geschäfte. Besonders auffällig die vielen Studios zu Selbstverteidigung und alles, was mit Schönheit zu tun hat.

Leider auf der ganzen Strecke so gut wie keine Möglichkeit zur Übernachtung. Richtung Norden wird es dann wieder ländlicher mit großem Farmland. Long Island ist mit 190 Kilometern Länge und 30 Breite ungefähr so groß wie Mallorca. Die Nordküste zwischen Sand Points und Hunting Bay gilt als Gold Coast, da sich hier viele New Yorker Millionäre große Landsitze bauen ließen. Kein Wunder, dass es hier so gut wie keine Hotels gibt und ich bis Sonnenuntergang nach einer Bleibe suchen musste. In Riverhead wurde ich dann nach 110 Kilometern fündig.

Connecticut

Riverhead – Groton (62 km)
2. Mai

Der Tag von gestern lag mir noch ganz schön in den Knochen. Mein Plan für heute war, die Fähre vom Orient Point auf Long Island zum Festland nach New London in Connecticut zu nehmen. Der Tag war sehr schön, der Wind hatte nachgelassen und die Sonne schien. Leider nicht warm genug, um die Handschuhe und langen Hosen weg zu lassen.

Der nördliche Teil von Long Island ist landschaftlich sehr schön. Viele Farmen und Weingärten. Es ist sehr schön anzusehen, wie ich seit Florida den Frühling vor mir herschieben konnte. Was im Süden schon verblüht war, steht hier in voller Blütenpracht.

In Cutchogue konnte ich zum ersten Mal einen richtigen Diner genießen. Die Diner haben sich Ende des 19. Jahrhunderts aus mobilen Imbissbuden entwickelt, für die ausrangierte Speisewagen der Eisenbahn benutzt wurden. In vielen Filmproduktionen stehen die Diner für das Wachstum und den Optimismus der 50er Jahre in den USA. Ab den 70er Jahren wurden sie jedoch sehr von den Fast-Food Ketten wie McDonald verdrängt. Es ist daher immer schön einen klassisch eingerichteten Diner zu finden.

Gut gestärkt vom Diner ging es auf dem Highway 25 weiter in Richtung Fähre. In Greenport sprach mich Jim vor dem 7Eleven an, wo ich gerade meine Wasservorräte aufbesserte. Er erzählte mir, das er 343 Kameraden der Feuerwehr beim Terroranschlag 9/11 verloren hatten und dass er in Erinnerung daran die Mütze trage und sich die Zahl auf dem Arm hat tätowieren lassen. Er empfahl mir noch unbedingt Greenport anzuschauen.

Eine sehr hübsche Hafenstadt mit vielen Kirchen. Um 14 Uhr erwischte ich dann noch die Fähre, die mich in 90 Minuten nach New London brachte. Etwas unsicher war ich noch, wie ich auf die andere Seite des Thames River kommen konnte. Aber eine Bikespur führte über die endlos lange Brücke nach Groton zu meinem Warmshowers Host Mike.

Day off in Groton
3. Mai

Ich konnte dem Angebot von Mike nicht widerstehen und blieb zwei Nächte in seinem schönen Haus in Groton. Mike ist ein super freundlicher Mann, Doktor in der Naval Submarine Base in New London. Der Vorabend mit seinem Freund und Kollegen Eric, ebenfalls Doktor in der Navy war schon super. Leider musste Eric am Sonntagmorgen wieder zu seiner Home Base abreisen.
Mike hatte nichts besonderes an diesem Sonntag vor außer seinem Kirchgang, wohin ich ihn gerne begleitete. Ich wollte schon seit Florida immer mal eine Messe besuchen, aber die Gottesdienste starteten erst um 10 Uhr, da saß ich schon meistens auf dem Rad. So bot sich der heutige Sonntag an. Es war ein traumhaft schöner Frühlingstag, so beschlossen wir zur Kirche zu laufen. Die Kirche nennt sich Groton Bible Chapel. Wir wurden freudig von einigen Gemeindemitgliedern in der Lobby begrüßt. Mike stellte mich einigen Leuten vor und so kamen wir schnell ins Gespräch.
 Es gab Kaffe und Croissants bevor die Gemeinde in den großen Saal ging. Eine Uhr auf der Leinwand, zeigte rückwärts laufend den Beginn an. Dann um 9.30 Uhr spielte eine Band verschiedene religiöse Stücke. Die meisten Gemeindemitglieder sangen mit, besonders bei Amazing Grace. Es war sehr bewegend und ich fühlte mich angezogen von der Stimmung.
Dann sprach der Pastor über „Gidion did not finish well". Er zog Richard Nixon zum Vergleich, dass er viel für das Land getan hatte, aber es nicht gut vollendete. Is there a snare in my life? Für die Kommunion wurde normales Brot und Wein durch die Reihen gereicht. Alles untermalt mit den entsprechenden Bibeltexten per Power Point Präsentation.
Die Kirche war voll, viele junge Leute. Es war sehr modern, aber ich denke, die Kirche sollte sich ruhig den modernen Zeiten anpassen, solange es nicht ums Geschäft geht. Mike zeigte mir noch das Projekt, was die Kirche in Haiti macht. Er und viele Helfer spenden Zeit und Geld um den Erdbebenopfern in Haiti zu helfen. Hut ab!
Das Kontrastprogramm nach der Kirche war schon etwas strange.

Besuch des Submarine Force Museum mit dem Historic Ship Nautilus SSN 571. Der Bau der Nautilus wurde möglich mit der erfolgreichen Entwicklung einer nuklearen Antriebsanlage. Am Morgen des 17. Januars 1955 befahl der Kommandant, Fregattenkapitän Eugene P. Wilkinson, die Leinen zu lösen und signalisierte die historische Meldung „Underway on Nuclear Power". Wer den Film „das Boot" sah und jemals die Möglichkeit hatte sich in einem U-Boot umzuschauen, kann die Enge fühlen und spüren. Da ist mir das Singen in der Kirche viel lieber. Tausend Dank lieber Mike, für die schöne Zeit in Groton.

Groton – Westerly (45 km)
4. Mai

Was haben Pillen mit Torpedos zu tun? Nichts, außer dass sich die Form manchmal ähnelt. Ich fand es nur interessant, dass ich an diesem wunderschönen Morgen gleich an zwei Weltfirmen vorbeifuhr. Pfizer, bekannt besonders durch die Pille Viagra und General Dynamics eines der führenden Unternehmen für alle Arten von Waffen. Beide Unternehmen in Groton auf der anderen Flussseite von New London.

Ich hatte mir für diesen Tag eine nicht zu lange Strecke ausgesucht, es sollte ein Tag zum Genießen werden. Das Wetter war noch sehr kühl, aber mit strahlendem Sonnenschein. Vom Atlantik zog Nebel über die Bucht. Vorbei ging es am Groton-New London Airport über den Highway 1 in Richtung Mystic.

Hier steigt das Gelände stetig an. Mystic ist ein sehr schöner kleiner Ort und wurde bereits im Jahre 1654 gegründet. Hier auch beheimatet ist der 1929 gegründete Mystic Seaport, ein Freilichtmuseum mit dem Konzept Living History. Ich verbrachte dort einige Stunden mit großem Interesse. Bekannt ist Mystic auch durch die Literaturverfilmung von Mystic River. Bei Westerly überquerte ich den Pawacatuck River nach Rhode Island. Von hier waren es dann nur noch wenige Meilen zu meinem Host Tom.

Rhode Island

Westerly – Newport (62 km)
5. Mai

Nach einem schönen gemütlichen Abend mit Tom und seinem Untermieter Jerry, machte ich mich früh auf dem Weg in Richtung Newport. Der Tag war schon recht warm und über den Highway 1 und 1A ging es schnell voran. Es gab nur ein Problem zu lösen. Wie komme ich über die nicht für Räder zugelassene Brücke nach Newport. Liza, mein neuer Host, gab mir den Tipp den Bus der Linie 64 zu nehmen.

Die Busse in den USA haben oft an der Schnauze einen Radständer, so auch die Linie 64. Außer dass ich über eine Stunde auf den Bus warten musste, klappte es ganz gut. Der Fahrpreis mit zwei Dollar inklusive Rad ist auch sehr gering.

Liza hat einen für alle Radfreunde sehr interessanten Job, sie arbeitet als Programm Manager bei bike newport, eine Organisation, die das Radfahren in Newport unterstützt. An diesem Tag hatte sie aber eine freiwillige Aufgabe beim Volvo Racing Cap. Newport hatte die Auftragsveranstaltung für diese Veranstaltung und ist eine der Anlaufstationen, bei diesem Segelrennen rund um die Welt. So kam ich noch durch Zufall in den Genuss einer besonderen Veranstaltung.

Newport wurde bereits 1636 gegründet und ist eine sehr hübsche Stadt, mit vielen schönen Häusern. Im 19. Jahrhundert wurde die Stadt als Sommerresidenz des amerikanischen Geldadels populär.

Massachusetts

Newport - North Dartmoth (50 km)
6. Mai

Pick The Best! stand an einer der Erdbeerfelder in Rhode Island. Na die Erdbeeren waren noch nicht da, aber ich dachte das hört sich doch viel besser an als in Deutschland. „Selber pflücken" steht meisten bei uns, das schreckt ab, da es sich nach Arbeit anhört. Bei „Pick The Best" läuft mir schon das Wasser im Munde zusammen. Das ist zwar auch Arbeit, aber ich entscheide, was ich pflücke.

So ähnlich ist es auch beim Radfahren, ich entscheide die Route. Sicher ist das gerade in den USA nicht immer leicht, weil die meisten Straßen doch nur für Autofahrer gemacht wurden. Aber auch hier tut sich viel. Die neue Brücke bei Portsmouth hat zum Beispiel eine eigene Bikespur.

Vorsicht ist immer angesagt, wenn die Straße kerzengerade verläuft, wie heute zum Beispiel der Highway 6. Hier gibt es kaum eine Spur. Bitte nicht wundern, wenn die Tagesetappen kürzer werden aber ich habe heute bei Fall River bereits die Grenze von Rhode Island nach Massachusetts überschritten, bis Boston sind es nur noch 80 Kilometer und ich habe noch einen Monat Zeit. Ich weiß noch nicht genau, was ich mache, sicher alle Kurven ausfahren und vielleicht noch bis Maine.

North Dartmoth – Falmouth (86 km)
7. Mai

Die privaten Kontakte während meiner Reise genieße ich sehr. Es ist sehr schön einen kurzen Einblick hinter die „Kulissen" der Häuser zu bekommen. Alle hier aufzuführen würde ein wenig zu weit führen. Ich habe mich ja schon oft in den einzelnen Beiträgen bedankt. Einen besonderen Dank möchte ich aber heute an Sarah und Ryan richten, die mich nicht nur in ihr Haus eingeladen haben, sondern auch noch zu einem schönen Lokal am Meer. Wir verbrachten den Abend mit ihren beiden süßen 2 und 4 Jahre alten Töchtern und mit der Mutter von Ryan. Sie schwärmte noch heute von den 70er Jahren, als sie als 19-Jährige zwei Jahre mit ihrem Mann in Deutschland verbringen durfte. Er war in Kitzingen als Soldat stationiert.

Dieses schöne Erlebnis erinnerte mich an meine tolle Familie, der ich an dieser Stelle mal recht herzlich für die Unterstützung meiner Reise danken möchte. Die Fahrt heute war ein Traum, super Wetter, strahlender Sonnenschein und 21 Grad. Zum größten Teil verlief die Strecke über den Highway 6 ohne Bike Path aber ohne viel Verkehr.

Das größte Hindernis war wieder mal eine Brücke, die über den Cape Code Canal führte. Weder für Fahrräder noch für Fußgänger erlaubt. Ich fuhr zurück zur einer Tankstelle unterhalb der Brücke. Schon der zweite, den ich mit seinem Truck ansprach, reagierte. Für 5 Dollar bringe ich dich über die Brücke, war seine Antwort. Gesagt getan, schon stand ich auf der anderen Seite. Da ich schon sehr früh in Falmouth ankam, konnte ich noch den Shining Sea Bikeway genießen. Eine 10 Meilen lange Strecke auf einer alten Eisenbahntrasse.

Falmouth – Orleans (70 km)
8. Mai

Don`t pay the Ferryman. Wie es in dem Song von Chris de Burgh heißt. Aber dazu kam es erst gar nicht. Ich hatte es mir so schön ausgedacht. In die Spitze von Cape Cod zu fahren und dann mit der Fähre nach Boston überzusetzen. Die Abfahrtszeiten hatte ich gecheckt, aber nicht die Jahreszeit. Bisher war ich es vom Süden gewohnt, dass die Fähren immer fahren. Leider startet die Saison für die Fähre nach Boston erst am 16.Mai. Gott sei dank bin ich nicht bis nach Provincetown gefahren, sondern nur nach Orleans. Ja aber das waren auch schon 70 Kilometer, zurück noch mal 70 bedeuten 140 km für die Katz.

Nicht für die Katz war der Abend und die Nacht bei Elsa und Jim, ein reizendes Paar mit zwei süßen Mädchen, Kate 4 Jahre und Clara 3 Monate. Danke an beide, dass sie mich trotz dem Stress mit den beiden so gut aufgenommen haben.

Der Morgen begann recht ruhig auf dem Bike Path zwischen West Falmouth und North Falmouth, Hier traf ich Burton mit dem Rad auf dem Weg zur Arbeit bei der NOAA Federal. Er war so interessiert an meiner Tour, dass er fasst seinen Job vergaß. Er versorgte mich später noch mit Material per Email. Da war ich aber schon unterwegs auf der 151 in Richtung Mashpee National Wildlife Refuge. Leider mit sehr viel Verkehr und wenig Platz für Fahrräder. Das verbesserte sich auch nicht auf der 28. Erst auf der Old Falmouth Rd wurde es ruhiger und schöner. Leider verpasste ich an der 6A den Einstieg zu einem weiteren schönen Bike Path. Erst kurz vor Orleans fand ich den Weg dazu. Naja Morgen auf dem Rückweg habe ich ja Gelegenheit die volle Strecke auszukosten.

Orleans – Plymouth (85 km)
9. Mai

Ich sage immer kein Nachteil ohne Vorteil. Die Fähre nach Boston fuhr noch nicht, aber so kam ich wenigstens in den Genuss den Plymouth Rock zu sehen. Dazu komme ich später. Der Tag fing recht nebelig und kalt an. Von meinem Hotel waren es nur wenige Meter um auf den Rail Trail im Nickerson State Park zu kommen. Herrlich 20 Kilometer lang kein Auto zu sehen.
An diesem Samstagmorgen kamen mir aber sehr viele Läufer entgegen. Alles Teilnehmer Ragnar Lauf über 200 Meilen. Ich habe das System nicht verstanden vielleicht findet ihr es ja raus. Auf jeden Fall hat es Spaß gemacht in all die motivierten Gesichter zu schauen. Leider endet irgendwann auch der schönste Radweg. Nach einem Kaffeestop in Barnstable ging es weiter über die 6 A in Richtung Kanal. Mittlerweile hatte die Sonne über den Nebel gesiegt. Dort wo vor wenigen Wochen noch meter hoch Schnee lag, explodierte der Frühling. Die 6 A ist zu dieser Jahreszeit noch nicht sehr stark befahren, daher vermisst man den fehlenden Bike Path kaum.
Über die Sagamore Bridge war es dann auch möglich den Kanal von Cape Cod zu überqueren. Cape Cod ist eine tolle Halbinsel, man könnte hier Wochen verbringen. Aber noch habe ich ja mein Ziel Boston nicht erreicht. Sehr hügelig ging es über die Long Pond Rd in Richtung Plymouth, wo mich mein Host Kent und Karen schon erwarteten. Gegründet wurde Plymouth 1620 von den Pilgervätern am Plymouth Rock. Am Plymouth Rock soll der Überlieferung nach William Bradford mit der Mayflower gelandet sein. Die damit gegründete Kolonie gilt gemeinsam mit der Gründung von Virginia als Ursprung der Vereinigten Staaten.

Plymouth – Boston (65)
10. Mai

Und plötzlich war er da, der große Tag meiner Ankunft an meinem Zielpunkt Boston. Es war ein besonderer Tag. Mit 86 Grad Fahrenheit bisher der wärmste Tag auf meiner Reise. Alles stand in voller Blüte und ich glaube, der Himmel wollte sich einfach mal bei allen Müttern bedanken.
Ich hatte einen sehr angenehmen Aufenthalt bei meinen Gastgebern Kent und Karen mit ihrer Enkeltochter Eva. Nach einem vorzüglichen Frühstück machte ich mich auf den Weg Richtung Norden. Die Fahrt führte mich noch mal vorbei an dem Landepunkt der Pilgerväter. Dann ein kurzes Stück über ein Bike Path entlang des Atlantik. Der Verkehr war an diesem Sonntagmorgen noch nicht sehr stark, so dass ich auf der 3 A sehr schnell voran kam. Bei Kingston ging es dann ein großes Stück auf die 53. Mittlerweile hatte der Verkehr sehr stark zugenommen. Viele versuchten noch in den großen Shopping Centern die letzten Geschenke zum Muttertag zu kaufen.
Über Hanover, Weymounth, Quincy kam ich dann nach Boston. Meine Freunde Polly und Rob erwarteten mich schon. Gleichzeitig war ich auch der Überraschungsgast für Pollys 92 jährige Mutter. Sie ist aus dem gleichen Jahrgang als meine Mutter war. Daher widme ich meine Reise meiner verstorbenen Mutter und allen anderen Müttern, für ihre liebevolle Leistung. Danke Mama dass du mich zur Welt gebracht hast.

Boston – Salem (47 km)
13. Mai

Ja nun bin ich 4 Wochen vor meinem Rückflug nach München in Boston angekommen. Zwei Tage habe ich mich ausgeruht und mit meinen Freunden Polly und Rob sowie der 92 jährigen Mutter von Polly verbracht. Einige Dinge erledigt und besorgt. Aber beide haben genug mit Arbeit und der Betretung der Mutter zu tun.

So kam ich auf die Idee noch weiter nach Norden zu fahren. Danke Polly und Rob, in drei Wochen komme ich wieder nach Boston zurück. Der Morgen war noch sehr frisch und stürmisch, ich hatte mir für heute nur eine kurze Etappe bis Salem vorgenommen. Auf der Charles River Esplanade fuhr ich in Richtung Cambridge und dann weiter am Fluss entlang nach Charlestown. Von hier auf der 99 nach Everett. Weiter Richtung Lynn.

Kurz vor Swampscott sprang mir plötzlich die Kette vom hinteren Zahnkranz ab. Ich konnte es wieder richten, aber die Kette hing schon sehr lose durch und ich traute mich kaum noch feste in die Pedale zu treten. Mit leichtem Tritt versuchte ich dann doch noch zu meinem Ziel Salem zu kommen. Gott sei dank gibt es hier einen Bikeshop.

Leider stellten die abgenagte Zähne am Zahnkranz fest. Das Ersatzteil von Rohloff ist nicht so bekannt in den USA. Es musste erst bestellt werden. Ja so musste ich schweren Herzen mein Rad in der Werkstadt lassen und meinen Host Bruce bitten mich abzuholen. Bruce und seine Frau Andrea, beides begeisterte Radfahrer, nahmen mich sehr freundlich in ihrem Haus auf. Sie haben bereits eine Hochzeitsreise von Paris nach Istanbul hinter sich und freuen sich auf den Sommer in Deutschland.

Day off in Salem
14. Mai

Ich bin nicht abergläubisch, aber es sieht sehr nach Hexenwerk aus, dass an einem Tag zwei gebrochene „Seelen" zusammen kamen. Ich hörte es noch knacken, ahnte aber nicht, dass mein Sattel und mein Zahnrad am Hinterrad zur gleichen Zeit den Geist aufgaben.
In Salem auch bekannt als „The Witch City" sind die Hexen im gesamten Stadtbild sehr präsent. In den Hexenprozessen von 1692 trat der Pfarrer und Schriftsteller John Wise für die Angeklagten ein und griff damit sehr in die Rolle der bisherigen Hexenverfolgung.
Durch Arthurs Millers Theaterstück „Hexenjagd" wurde Salem zum weltweiten Begriff. Hexen konnte Dan Shuman der Inhaber von Salem Cycle, leider nicht, es dauerte schon einige Zeit bis das richtige Zahnrad bestellt, geliefert und montiert wurde. Erst dann stellte er auch den Sattelbruch fest. Leider war der passende Brooks Sattel nicht vorrätig, so dass ich auf einen anderen Sattel zugreifen musste. Das wird eine Tortur werden. Mein Ledersattel ist seit Jahren eingesessen. Naja ich versuche es mal wie die Hexen auf dem Besen zu reiten.

Salem – Rowley (73 km)
15. Mai

Irgendetwas hat mich heute verwirrt. Ich bin mir nicht ganz sicher, ob es der Duft vom frischem Flieder war oder die Auswirkungen der Hexen von Salem. Im Kreis gefahren bin ich bisher noch nicht. Heute ist es passiert, bei Peabody habe ich den falschen Abzweig genommen. Mir kam es gleich etwas komisch vor, dass ich zweimal die gleiche Brückensperrung hatte. Vielleicht verlangte mein Körper auch nur einige extra Kilometer, um auf den Tagesschnitt von 70 Kilometer zu kommen.

Der Tag fing sehr früh an, Andrea und Bruce, beide im Schuldienst, mussten das Haus schon früh verlassen um gegen 7 Uhr in der Schule anzukommen. Ich möchte mich an dieser Stelle noch mal recht herzlich bei beiden bedanken, dass ich zwei Nächte in ihrem Haus verbringen konnte um die Fertigstellung meines Rades abzuwarten. Bis zu meinem Tagesziel wären es eigentlich nur rund 40 Kilometer gewesen, ich wollte aber die Küste genießen und fuhr über Beverly, Manchester nach Gloucester. Die Strecke ist ein wenig hügelig, aber sehr angenehm zu fahren. Kaum Verkehr und frische Seeluft. Gloucester ist ein wichtiges Zentrum der Fischindustrie und ein beliebter Sommerort. Ich konnte es mir nicht verkneifen mich bei Fish and Chips zu stärken. Im Frühsommer 2008 erregte Gloucester durch einen angeblichen „Schwangerschaftspakt" aufsehen. Auf diesem Ereignis beruht der 2011 erschiene Film „17 Mädchen". Gestärkt ging der Rest des Weges über Essex, Ipswich nach Rowley.

New Hampshire

Rowley – Newmarket (54 km)
16. Mai

Besseres kann einem nach einem anstrengenden Tag nicht passieren. Dinner und ein anschließendes Konzert. Alles von meinem Gastgeber. Danke Scott du warst ein toller Gastgeber.

Ansonsten fing der Tag recht ruhig an. Einige Regentropfen mischten sich in das Grau des Himmels. Aber das Wetter blieb stabil, so dass ich meine Regensachen erst gar nicht anziehen musste. Von Rowley ging es auf der A1 in Richtung Newbury, eine hübsche Hafenstadt. Weiter nach Salisbury und dann am Atlantik entlang über die Staatsgrenze nach New Hampshire. In Hampton Beach konnte man erahnen, was im Sommer hier am Strand los ist. Noch war alles sehr ruhig und leer. Kurz nach Hampton Beach fuhr ich dann auf der 101 in Richtung Norden. Schon bald erreichte ich mein Tagesziel Newmarket. Mal ein Tag ohne viele Aufregungen, aber das ist ja auch mal gut oder?

Maine

Newmarket – Kennebunk (82 km)
17. Mai

Mit Orangenmarmelade ist es genauso wie mit Lakritze: entweder man mag sie oder man hasst sie. Ich liebe Orangenmarmelade ebenso wie Lakritze. Das konnten Lynn und Tod, meine Gastgeber natürlich nicht wissen. Um so erfreulicher war es, dass zum Frühstück selbstgemachte Marmelade serviert wurde. Es war genauso gut wie das Dinner am Vorabend. Tod versorgte mich noch mit seinem Buch und vielen Informationen für die Weiterreise. Tolle Gastgeber, herzlichen Dank an beide für die Gastfreundschaft. Versorgt mit all den Informationen machte ich mich auf den Weg nach Portmouth.

Der Morgen war noch recht frisch und ein wenig Nebel lag in der Luft. Richtung Norden ging es nach Durham und dann in einem großen Bogen nach Portsmouth. Nach einer kurzen Kaffeepause ging es über die Memorial Bridge nach Maine. Der Nebel hatte sich in der Zwischenzeit aufgelöst und es wurde einer der schönsten Tage der gesamten Reise.

Die Landschaft in Maine ist bezaubernd schön. Die meiste Zeit war es sehr still, nur die Harleyfahrer, die immer in großen Gruppen auftraten, zerstörten die Ruhe. Entlang der Küste ging es über Kittery und York zum Leuchtturm „Nubble Light". Ich hätte noch die ganze Küste mit ihren Einschneidungen ausfahren können, wollte aber um 17 Uhr bei meinem Tagesziel Kennebunk sein. Daher fuhr ich den Rest der Strecke auf dem Highway 1 in Richtung Norden. Pünktlich traf ich in Kennebank ein, wo mich mein nächster Gastgeber Lisa schon freudig erwartete.

Kennebunk – Portland (61 km)
18. Mai

Ich höre sie noch lachen, Lisa, die mit ihren zwei Neffen und einem Hund in einem kleinen Haus in Kennebunk lebt. Voller Freude zeigte sie mir nach meiner Ankunft die „geheimen" Plätze rund um Kennebunk. Auch das Haus von George H.W. Bush wurde dabei nicht ausgelassen. Fox News schrieb „Former President George H.W. Bush is back in Maine for the summer". Überhaupt gibt es sehr viele schöne Häuser in Kennebunk. Sie alle zu zeigen würde diese Seite sprengen. Viel wichtiger als die Häuser sind die Menschen mit ihrer Gastfreundschaft, die ich auf dieser Reise erfahren durfte. Danke Lisa, Du bist ein strahlendes Beispiel dafür. Nach einem perfekten Frühstück machte ich mich auf den Weg, die neuen Erkenntnisse auch mit dem Rad zu erkunden. Über Kennebunkport ging es nach Cape Porpoise und weiter über den Highway 9 nach Biddeford.
Hier wurde ich aufmerksam auf das Community Bicycle Center. Der Chef Andy Greif und sein Team zeigte mir die tolle Einrichtung. Ziel dieser Einrichtung ist es, das Bewusstsein für das Fahren mit dem Rad zu erweitern. Von Kunst bis zur Werkstatt wird alles geboten. Andy machte mich auch noch aufmerksam auf den Eastern Trail, eine tolle Strecke ganz ohne lärmenden Verkehr.
Leider verpasste ich bei Sacco den Einstieg zu diesem Trail und fuhr ein kleines Stück in die falsche Richtung. Nach einigen Schlaufen fand ich zurück zum Trail und so konnte ich in ungestörter Natur einen großen Teil der Strecke nach Portland bewältigen.

Portland – Bath (62 km)
19. Mai

Ja was war denn heute los. Schon am frühen Morgen ließ der Himmel alle Schleusen öffnen. Es könnten Freudentränen gewesen sein, denn heute sprang mein Tacho auf 4000 Kilometer oder fast 2500 Meilen. Das ist mehr als ich eigentlich fahren wollte. Aber die USA ist noch immer nicht zu Ende. Auf jeden Fall bin ich heute mal richtig nass geworden. Es hat so stark geregnet, dass ich keine Lust verspürte mir großartig Portland anzuschauen.
Portland wurde 1632 gegründet und ist mit etwas über 60 Tsd. Einwohnern die größte Stadt in Maine. Bekannt ist Portland für seinen alten Hafen, der viele Touristen anzieht. Mich allerdings heute nicht, Wasser hatte ich von oben genug.
Die Strecke zwischen Portland und Bath ist sehr hügelig. Wenig befahren, oft verschwinden die Autos in den tiefen Einschnitten der Straße. Völlig durchnässt erreichte ich Brunswick. Ich hatte noch genügend Zeit, um mich im Bahnhof nach meiner Rückfahrt am 3. Juni zu erkundigen. Hier bekam ich die Empfehlung doch einige Tage vorher die Hotline anzurufen, da viele Züge wegen Bauarbeiten einfach gestrichen werden.
Brunswick ist der nördlichste Punkt von Amtrak, alles was ich jetzt noch fahre, muss ich auch wieder zurück fahren. Etwas erschrocken von dieser Nachricht erholte ich mich im Little Dog coffee shop, bevor ich zu meinem Gastgeber nach Bath fuhr. Lieben Dank an Angela und Sean. Ich habe mich sehr wohl bei euch gefühlt.

Day off in Georgetown (20 km)
20. Mai

Nach dem gestrigen Regentag hatte ich mich nicht sehr wohl gefühlt. Daher war für heute keine lange Strecke geplant. Georgetown liegt nur 20 Kilometer südlich von Bath auf Georgetown Island. Ich hatte daher sehr viel Zeit zu meiner nächsten Destination zu kommen. Ich genoss erst mal einen schönen Cappuccino im Café Creme in Bath. Bath liegt am Westufer des Kennebec River etwa 20 Kilometer von der Mündung im Atlantik entfernt. Hier wurde auch das erste von Europäern gebaute ozeantaugliche Schiff gebaut, die Virginia of Sagadahoc. Seit 1743 ist der Schiffbau in Bath ansässig und auch heute noch ein wichtiger Wirtschaftszweig.
Ich machte mich aber auf dem Weg über Arrowsic Island nach Georgetown Island. Es gibt nur eine Straße dorthin, die sehr hügelig ist und zum großen Teil ohne Seitenstreifen auskommt. Gut, dass zu dieser Jahreszeit noch nicht viel Verkehr war. Ich hoffte in Georgetown noch ein wenig rumhängen zu können, um meine Gastgeber Nananda und Bob nicht allzu früh zu stören.
Leider waren da nur ein paar Häuser, so klopfte ich bereits um 11 Uhr bei ihnen an. Beide leben in einem großen Haus direkt im Wald. Trotzdem ist ein neues Haus in Planung, was schon seit 30 Jahren in Bobs Kopf ist. Alles auf einer Fläche unter der Erde, nur die Südseite voller Glas. Sehr energiefreundlich, aber noch tiefer im Wald verborgen. Ganz schön mutig ein solches Projekt noch im Rentenalter anzugehen.
Vor dem Abendessen besuchten wir noch den Hafen und den Strand nur 2 Kilometer entfernt, aber ein totales Kontrastprogramm zu dem Haus im Wald. Lieben Dank an Nananda und Bob für eure Gastfreundschaft. Ihr macht mir Mut für eigene neue Pläne.

Woolwich – Camden (81 km)
21. Mai

Kennt ihr noch die Kindersendung Löwenzahn? Es gibt sie immer noch, mit neuer Besetzung, aber mit dem alten Vorspann. Dieser Vorspann ist gezeichnet und zeigt eine Strasse, wo sich der Löwenzahn durch den Asphalt drückt. Während meiner Reise sah ich viel Löwenzahn. Im Süden ist er lange verblüht. Hier in Maine kommt er gerade in voller Pracht durch die Erde.
Nun ist es auch in Maine Zeit sich auf die Rasenmäher zu schwingen, was heute vielfach geschah. Es wäre ja wohl die Höhe, wenn dieses „Unkraut" sich durch die geliebten Strassen schieben würde. Wobei das gar nicht so schlimm wäre, denn die sind vielfach nicht in optimalem Zustand und zu eng für Autos und Radfahrer.
Gut, dass mich Bob mit dem Truck von Georgetown nach Woolwich gebracht hat. Leider gibt in Richtung Norden nur eine Möglichkeit über den Highway 1 zu fahren. Das ist mit sehr viel Lärm verbunden, und nicht ganz ungefährlich. Bei Warren verließ ich den Highway und fuhr weiter auf der 90 über Rockport nach Camden.

Camden – Belfast (31 km)
22. Mai

Der Maine-Hummer oder Lobster ist eine berühmte Delikatesse an den Küsten von Maine. Leider stehe ich überhaupt nicht auf Meeresfrüchte. Es ist mir einfach zu viel Arbeit und ich mag kein Fett an den Fingern. Dann schon lieber das vegetarische Essen von Kevin, meinem Gastgeber in Camden.
Kevin ist eine interessante Persönlichkeit und ist bis nach Kathmandu mit dem Rad gefahren. Vielen Dank Kevin für die tolle Konversation und Deine Gastfreundschaft. Ich war noch etwas müde vom gestrigen Tag, so beschloss ich heute nur bis Belfast zu fahren. Leider ging es auch heute nur zu einem großen Teil über die Route 1.
Ab Northport war es möglich, ein Stück an der Küste entlang zu fahren. Hier boten sich tolle Ausblicke auf die Penobscot Bay und dem Isleboro Island. Schon sehr früh um die Mittagszeit erreiche ich mein Tagesziel Belfast. Belfast ist eine hübsche Kleinstadt mit rund 7000 Einwohnern am Passagasawakeg River.

Belfast – Ellsworth (65 km)
23. Mai

Der Memorial Day ist der letzte Montag im Mai und seit dem Bürgerkrieg ein nationaler Feiertag. Schon seit Tagen wird alles geputzt und die Fahnen gehisst. Die ganze Nation gedenkt der Toten aller Kriege. Gleichzeitig ist es aber auch durch das lange Wochenende der Start in die Sommersaison. Gleichzeitig gehen besonders in den Nordstaaten die Hotelpreise in die Höhe.

Mein Ziel für heute war eigentlich der Acadia Nationalpark, doch durch den eisigen Wind und dem stärker werdenden Wochenendverkehr blieb ich in Ellsworth. Mein Gastgeber in Belfast begleitete mich noch ein Stück bis zur Brücke über den Passagassawakeag River. Lieben Dank Andrew für Deine Gastfreundschaft. Dann ging es weiter über den Highway 1 über Searsport, Stockton Springs, Penobscot Narrow Bridge nach Backsport.

Hier half dann nur noch ein warmer Kaffee, eine weitere Jacke und die Winterhandschuhe, die 6 Grad Außentemperatur auszuhalten. Leider ist der Highway die einzige Möglichkeit ohne große Umwege sein Ziel zu erreichen. Allerdings wie üblich mit langen Auf und Abstiegen, die ziemlich an die Kräfte gehen.

Im Hotel in Ellsworth hatte ich mich völlig durchgefroren auf ein heißes Bad gefreut. Leider war kein Stöpsel zum Verschließen der Badewanne zu sehen. Dreimal lief ich zur Rezeption und es dauerte über eine Stunde bis mal jemand mit diesem kleinem Hilfsmittel kam. Da war die Wanne schon voll verschlossen mit Toilettenpapier. Selbst ist der Mann... auch beim rauspulen der Papierreste und aufwischen der überlaufenden Badewanne.

Ellsworth - Acadia National Park (65 km)
24. Mai

Eine Beliebtheit in den USA ist Drive in oder besser Drive thru. Ohne das Auto verlassen zu müssen bekommt man seine Dienstleistungen, ob Fastfood, Apotheke oder Bank. Warum soll man aussteigen, wenn man alles auch so bekommt. Sogar im Acadia National Park müsste man nicht aussteigen. Es gibt einen Park Loop, den man bequem befahren kann. Dummerweise haben die Entwickler dieses Parks aber die Parkplätze nicht auf der Küstenseite gemacht. So dass dann doch, wenn man was sehen will, das Aussteigen nötig ist.
Ich hatte es da besser, denn mit dem Rad ist man ja schon mitten in der Natur. Der Park gehört mit seinen rund 2.5 Millionen Besuchern zu den beliebtesten in den USA. Der größte Teil liegt auf Mount Desert Island. Mitte des 19. Jahrhunderts wurde die Insel für den Tourismus entdeckt. Die Superreichen von der Ostküste wie John D. Rockefeller und Henry Ford kauften große Landflächen und verwandelten die Insel in eine Stätte des Luxus. Ihnen ist aber auch die Entstehung des Parks zu verdanken, denn sie schenkten dem Staat das Land mit der Auflage Schutzgebiete zu gründen. Der Park ist herrlich, man kann hier viel unternehmen, viel zu schön um im Auto sitzen zu bleiben.

Day off in Bar Harbor
25. Mai

Ja Steine gibt es genug auf Mount Desert Island. Oft liegen sie im Wege und sind so schwer, dass sie kaum zu bewegen sind. Diese Hindernisse sind auch oft in den Köpfen der Menschen. Seit Jahrhunderten versucht man diese mit Kriegen zu beseitigen. Aber Gewalt schürt oft nur neue Gewalt. Wer für die gerechte Seite kämpft, ist nicht immer eindeutig.
Ich bin sehr froh, dass ich nach dem 2. Weltkrieg geboren bin. Wenn ich mir vorstelle, dass der ältere Mann in der Reihe vor mir gegen meinen Vater gekämpft hat, läuft mir ein Schauer über den Rücken. Er war gerade mal 20 Jahre alt, so wie mein Vater. Ja die Amerikaner haben den Memorial Day, wo sie der Soldaten gedenken, die für die Freiheit gekämpft haben. Sie sind stolz auf ihre Soldaten. Wir haben den Volkstrauertag, keiner ist stolz auf unsere Soldaten. So ist das nun mal in der Geschichte. „The winner takes it all, the loser standing small".

Bar Harbor – Bangor (75km)
26. Mai

Die ganze Nacht hatte es geregnet. Ich hatte mich schon auf einen nassen Tag eingerichtet. Aber pünktlich zum Start hörte es auf in Bar Harbor. Der Wind drehte auf Süden und brachte hohe aber feuchte Temperaturen von 27 Grad Celsius. Eigentlich das richtige Wetter um zu radeln. Leider musste ich auch heute wieder bis auf wenige Ausnahmen den Highway benutzen.
Über die 3 ging es runter von der Insel nach Trenton und Ellsworth. Dann fast wie von einer Linie gezogen über die 1 über Holden zu meinem Zielpunkt Bangor. Die Strecke ist sehr hügelig und eigentlich nur für Autos gemacht. Auf der gesamten Strecke ab Ellsworth gibt es keine Möglichkeit zur Einkehr.
Dabei gibt es herrliche, stillgelegte Bahnstrecken. Das wären tolle Strecken für Radfahrer oder auch um den Zugverkehr wieder zu aktivieren. Bereits 1836 starteten die ersten Eisenbahnen in Maine. Bis 1924 hatte das Streckennetz eine Ausdehnung von 3830 km. Die Große Depression 1929 brachte das Ende der Eisenbahnlinien. Danach setzte die Politik auf den Ausbau der Straßen und den Individualverkehr.
Für mich ein politischer Fehler. Ganz abgesehen davon, dass man die Arbeit der Erbauer der Bahnstrecken nicht schätzte. Die Strecken laufen sanft und still durch die Landschaft, nicht so brutal wie die Highways. Auch diese Pioniere haben was für das Land geleistet. Nicht nur die Soldaten. Tausende von Kilometer brachliegende Schienen, das zeugt nicht von Weitsicht und hat nach meiner Sicht mit modernen Zeiten nichts zu tun.

Bangor – Unity (55km)
27. Mai

Nein Stephen Edwin King, der berühmte Autor war nicht mein Gastgeber in Bangor. Er lebt zwar dort, ist aber nicht Member of Warmshowers. Außerdem mag ich überhaupt keine Schauergeschichten. Ich hatte viel nettere Gastgeber, Kierie und ihr Freund James waren perfekte Gastgeber. Wir verbrachten einen tollen Abend, mit Kino und Barbesuch und hatten ein perfektes Frühstück.
Danke an beide, auch für das Weihenstephaner Weißbier. Viel Glück für eure Zukunft. Glück hatte ich heute auch, das Wetter war perfekt fast zu warm. Die Strecke allerdings war in Anlehnung an Stephen King eher der Horror für Radfahrer. Die Strecke über den Highway 202 ging stangengerade auf und ab und stieg von 2 Meter bis auf 224 Meter.
  Eigentlich ist das kein großer Höhenunterschied, aber die Straße ist für Autos gemacht und nicht für Drahtesel. Außerdem gibt es auf rund 40 Kilometer nichts als Wald, Farmland und vereinzelte Häuser. Eigentlich eine sehr schöne Landschaft. Nur nicht wenn man mal eine schöne Pause braucht. Zwischen einer rasanten Abfahrt und dem nächsten Anstieg im Blick eine Tankstelle.
Da war eine Entscheidung in sekundenschnelle nötig. Anlauf nehmen oder bremsen. Ich entschied mich für das letztere und kehrte ein, beziehungsweise auf die Bank vor der Gasstation. Das war auch nötig, zwischen Benzingeruch und Burger schlief ich kurz auf der Bank ein. Gestärkt durch diesen Zwischenstopp, schaffte ich auch die letzten Hügel bis nach Unity.

Unity – Vassalboro (34 km)
28. Mai

Ja ist gibt schon andere Lebensformen als jeden Tag ins Büro zu gehen. Billy mein Gastgeber praktiziert es seit Jahren. Nach der Scheidung fuhr er 2012 mit dem Rad von London nach Hong Kong. Nun zurück in Maine lebt er in einem kleinem Haus am Ende einer Straße mitten im Wald.

Das Gästezimmer ist ein Laboratorium, darin befinden sich sechs Cannabispflanzen mit einem Haufen von elektronischen Lampen und Feuchtigkeitsfühlern. Es sind nur weibliche Pflanzen, von denen er viermal im Jahr die Blüten und blütenreichen Blätter ernten kann. Nach dem Trocknen wird es als Marihuana oder umgangssprachlich Gras konsumiert. Er vertreibt es nach eigener Aussage als Arzneimittel. Davon und dem Christbaumverkauf zu Weihnachten in New York kann er gut leben. Naja, Steuern und Sozialabgaben werden natürlich nicht entrichtet. Da das Gästezimmer mit den „Weibern" belegt war, durfte ich im Camper schlafen.

Ich könnte so nicht leben, aber Billy gefällt es und spielt lustig seine Instrumente. Danke Billy für Deine Gastfreundschaft. Der Tag begann recht entspannend, Wetter super, nicht zu warm und kaum Wind. Der Verkehr auf dem Highway 202 war kaum zu spüren. Unterwegs erreichte mich noch die Einladung von Bernie und Jody auf ihre Farm. Dadurch verwarf ich meinen Plan weiter nach Augusta zu fahren.

Vassalboro – Augusta (29 km)
29. Mai

Ihr wundert euch vielleicht, warum meine Etappen immer kürzer werden. Ich könnte es auf die 4500 Kilometer schieben, die ich in der Zwischenzeit in den Beinen habe. Sicher auch ein Grund. Der Hauptgrund ist aber, dass ich für den 3. Juni eine Zugfahrkarte von Brunswick nach Boston gebucht habe.
Jetzt bin ich schon in Augusta und nur noch einen Tag von meinem Ziel entfernt. Maine ist sicher der richtige Platz um eine Reise ausklingen zu lassen. Selbst in der Hauptstadt Augusta ist es sehr ruhig. Die letzte Nacht habe ich ganz entspannt bei Bernie und Jody auf der Farm in Vassalboro verbracht. Beide Lehrer und Nebenerwerbslandwirte. Hilfe haben sie sich von Krysten geholt, sie managt die Farm mit großer Freude. Für mich neu waren die freiwilligen Helfer Henry aus Taiwan und Isa und Jonas aus Dänemark. Alle kamen über Help Exange auf die Farm.
Ich hätte auch noch einige Tage bleiben können, um bei freier Kost und Logis im Garten zu arbeiten. Ich habe mich aber bei dem schönen Wetter lieber „vom Acker" gemacht, denn Gartenarbeit ist nicht meine Lieblingsbeschäftigung. Ich freue mich aber sehr, wenn junge Leute sich so für die organische Ernährung einsetzen. Die Fahrt nach Augusta war nicht besonders anstrengend. Der erste Teil fast ohne Autoverkehr, der dann auf dem Highway 202 natürlich stärker wurde. In Augusta schaute ich mir noch das Old Fort Western an. Es wurde 1754 gebaut und ist das älteste in New England. Auf dem Weg ins Hotel fiel mir noch eine andere Gruppe um Roger Leisner auf, die seit Jahren jeden Freitag gegen alle Kriege in der Welt protestieren. Ein toller Tag mit engagierten Leuten. Danke!

Augusta – Brunswick (57 km)
30. Mai

Wasser ist sehr klug und sucht sich immer den Weg des geringsten Widerstandes, so entstanden Bäche, Flüsse und Ozeane. Die ersten Siedler in den USA waren auch klug und folgten den Flussläufen. Ebenso die Erbauer der Eisenbahnen. Diese leisteten großartige Arbeiten, dort wo nicht genug Platz für das Wasser und die Bahnlinie waren, sprengten sie die Felsen in die Luft um möglichst eine ebene Strecke zu schaffen.
Mit dem Beginn der Automobilindustrie hörte die Klugheit meiner Meinung nach ein wenig auf. Die Straßen wurden unabhängig der Geländestruktur gerade gebildet. Das merkt der Autofahrer natürlich nicht. Ein kleiner Druck auf das Gaspedal und schon ist der nächste Hügel überwunden. Den Unterschied merkt nur der Radfahrer oder Fußgänger. Aber beide kommen hier nur selten vor. Kein Wunder bei den Benzinpreisen von nur 70 Cent pro Liter. Aber das muss ja jeder selber wissen. Für mich war es auf jeden Fall der beste Zeitpunkt, meine aktive Radreise zu beenden. Herrliches Wetter, Südwind, tolle Fahrt entlang des Kennebec Rivers und ein Sauerbraten in Richard`s Restaurant.

Alles hat ein Ende" Danke, Thank You, Merci !

Ich möchte mich bei allen bedanken, die meine Radreise durch die USA unterstützt haben. Besonders bei meiner Frau Carola, bei meinen Kindern, Claudia, Katharina, Lisa, Georg und Eleonore. Bei Jana in Florida, bei Polly und Rob in Boston. Bei allen meinen Gastgebern entlang der Ostküste. Ihr wart großartig, tausend Dank, ich werde es nie vergessen! Danke auch an meinen Körper, der mich die ganze Strecke nicht im Stich gelassen hat.

Buchbeschreibung

Friedrich Müntjes liebt das Radfahren.
Mit seiner Frau Carola, konnte er schon viele schöne Touren in Europa bewältigen. Es ging von München über die Alpen bis nach Neapel. Quer durch die Schweiz und von der Ostsee bis nach Bayern.
Nach dem Eintritt in den Ruhestand, Ende 2014 brauchte Friedrich eine neue Herausforderung. Quer durch die USA von New York nach San Francisco war die erste Idee. Bis zum Sommer wollte er aber nicht warten. So wurde kurzerhand der Plan geändert und eine aufregende Tour entlang der Ostküste begann im März 2015. Im Alleingang schaffte er die 4500 km Tour in 64 Etappen.
Friedrich Müntjes, nimmt uns mit auf die Reise zu den wichtigsten Plätzen der ersten Siedler. Altes und modernes reiht sich aneinander wie eine Perlenkette.
Die gesamte Strecke sind als GPS Daten vorhanden und in den 64 Etappen abrufbar.

www.muentjes.com

Fakten

Fahrrad: Aarios
Kilometer: 4582
Meilen: 2847
Tage auf dem Rad: 64
Durchschnitt pro Tag: 72 km
Längste Tagesstrecke: 130 km
Unfälle: keine
Platten: 1
Ausfälle: Sattelbruch und Hinterradritzel

Copyright

Fotos und Text: Friedrich Müntjes
Konzept: Friedrich Müntjes
Gesamtgestaltung: Friedrich Müntjes

Über den Autor:
Friedrich Müntjes, 1949 in Gelsenkirchen geboren, arbeitet seit seiner Pensionierung im Dezember 2014 als freier Fotograf und Autor.

All rights reserved by
Friedrich Müntjes
Pfaffenhofen an der Ilm
www.muentjes.com

Dezember 2016